中国道教文化之旅丛书

# 浦东名观
## 崇福道院

总 主 编　张继禹
本册主编　张开华
编　　著　黄景春
　　　　　张开华
　　　　　李　琦

华夏出版社

# 《中国道教文化之旅》编辑委员会

总 顾 问：任法融
总 主 编：张继禹
主　　编：王哲一
执行主编：王炳旸
副 主 编：

| 黄信阳 | 黄至安 | 丁常云 | 唐诚青 | 赖保荣 | 刘怀元 | 林　舟 | 张金涛 |
| 张凤林 | 孟崇然 | 黄至杰 | 李诚道 | 张东升 | 袁志鸿 | 张明心 | 胡诚林 |
| 谢荣增 | 陆文荣 | 董沛文 | 刘世天 | 王书献 | 孙常德 | 史孝进 | 吉宏忠 |
| 王怀静 | 杨世华 | 詹达礼 | 高信一 | 吴诚真 | 李文兴 | 王至全 | 袁宗善 |
| 刘兴龙 | 欧治国 | 喇宗静 | 张崇新 | 赵理修 | 王崇道 | 邓信德 | |

编辑工作办公室主任：张兴发
编辑委员会委员：

| 任法融 | 张继禹 | 黄信阳 | 黄至安 | 丁常云 | 唐诚青 | 赖保荣 | 刘怀元 |
| 林　舟 | 张金涛 | 张凤林 | 孟崇然 | 黄至杰 | 李诚道 | 王哲一 | 王炳旸 |
| 袁志鸿 | 张明心 | 胡诚林 | 谢荣增 | 陆文荣 | 董沛文 | 刘世天 | 王书献 |
| 孙常德 | 张兴发 | 冯　鹤 | 郝光明 | 李信军 | 张　凯 | 吉宏忠 | 姚树良 |
| 张开华 | 翟仁军 | 成笃生 | 刘少波 | 黄健虹 | 吴信达 | 潘志贤 | 杨梦觉 |
| 陈明昌 | 张至容 | 杨明江 | 邹理惠 | 郑明德 | 吴诚真 | 刘玄遵 | 蔡亚庭 |
| 朱　泽 | 欧治国 | 万　文 | 王理砚 | 陈万赟 | 林美菊 | 陈信桂 | 瘳信杰 |
| 贾慧法 | 任兴之 | 陈法永 | 孙敏财 | 尹信慧 | 杨世华 | 冯可珠 | 郑志平 |
| 简祖洪 | 薄建华 | 李宗贤 | 霍怀虚 | 张诚达 | 刁玉松 | 李　福 | 詹和平 |
| 陈理复 | 李宗旭 | 袁宗善 | 喇宗静 | 邓信德 | 赵理修 | 陈崇真 | 王崇道 |
| 王高静 | 史孝进 | 王怀静 | 詹达礼 | 高信一 | 王金华 | 李文兴 | 王至全 |
| 刘兴龙 | 张崇新 | | | | | | |

# 序一

# 序

殷商时期,道祖降临神州大地。他所倡导的致虚守静、少私寡欲、无为而治、道法自然、返璞归真、和光同尘等思想,深深影响了中国哲学;他所著《道德经》,提出了"道"、"自然"、"无为"等等著名的哲学概念,成为中国哲学的基石之作。

两汉之际,中国又出现了一位真人张陵,他奉老子为道祖(太上老君道德天尊),以老子《道德经》为祖经,以道为宗本,创立道教,融合传统宗教习俗,追求天人和谐、家国太平,倡导真正、积善成功、福臻家国,相信修道积德行善定能平安幸福、长生久视。

魏晋南北朝,道教人士秉承老子思想,光大张陵道风,建立弘扬道教文化的宫观,从此道教文化有了自己的文化宣传窗口,向世人展示着自己独特的魅力。

宫观发展至今,已成为道教信仰和修道者的圣地。成千上万的道教徒们在宫观内过着如法如仪的宗教生活,成万上亿的道教信徒们到宫观开示解惑、朝拜神灵、祈福禳灾。许多高道依托宫观实现了他们致道成仙的人生目标,如张道陵在大邑鹤鸣山驾鹤飞仙,许逊在南昌西山白日飞升,张三丰在武当山得道成仙。

宫观传衍至今,已成为中国传统文化的重要载体。每一个宫观都有着

它的历史传承、人物故事、文物胜迹、经典书籍和建筑艺术等等，这些均构成了本宫观的文化，这些文化又是宫观所在地文化不可或缺的重要组成部分。这不仅是宫观的，也是道教的，更是社会的传统文化。如张道陵祖师依托二十四治创立天师道，形成了天师道文化；杨羲、许谧依托茅山的靖庐创立了道教上清派，形成了茅山文化；许逊依靠万寿宫，形成了净明道忠孝文化；邱处机凭借白云观推动了全真龙门派的发展，形成了龙门祖庭文化。

宫观传承至今，已成为了道德伦理教化的场所。道教宫观中供奉的神灵，有古代神话中的人物，还有山川河岳等自然界的神灵，更有有功于社稷、有惠于黎民而为民众所敬仰的地方神灵。道教崇奉神灵的原则是"尊道贵德"，倡导崇尚德行、敬仰贤能。如道士孙思邈是古今医德医术堪称一流的名家，尤其对医德的强调，为后世的习医、业医者传为佳话。他的名著《千金方》中，也把"大医精诚"的医德规范放在了极其重要的位置上来专门立题，重点讨论。而他本人，也是以德养性、以德养身、德艺双馨的代表人物之一，成为历代医家和百姓尊崇备至的伟大人物，被道教崇奉为"药王"。又如道教崇拜的城隍神，皆为世间人之正直者，有"功施于民则祀之"的说法。他们有的是地方的"清官"，正直无私，秉公办事，能为民消灾解难者；有的是有功于国于民的"功臣"，生前曾对某地乃至全国作出过一定贡献，人们牢记其功绩，奉之为神灵；还有人间正直者，他们生前为人正直，与人们所希望的城隍神形象较为接近；更有世间乐善好施者，在中国传统社会中，积功行善，乐善好施者，往往受到人们的崇敬；当然也有神能者，生前有异能，造福乡民，人们相信他死后可以充当城隍之职；还有善鬼，人们认为，人死后进入阴间而为鬼，但只要积德行善也能提升。可见，城隍信仰中"人之正直，死而为神"的观点，正是人们把美好理想

和愿望寄托于神灵,希望他们能像生前一样公正无私,造福于民。同时,也鼓励人们积极向上,崇尚德行,讲求孝道,对人们具有一定的教化功能,在一定程度上又构成了伦理道德体系。

同时,道教的宫观还是济世利人的基地,是服务社会、利益人群的场所。道教宫观导人向善的教化功能本身就发挥着净化社会的崇高精神。从历史上看,道教宫观曾经发挥过济世救人的功能。如张鲁行宽厚仁慈之政,以道教化世人,设立义舍于路边,放置米肉于其中,让过路的人量腹而食;邱处机在北京白云观创立十方丛林,收容遭战乱无家可归的人,多达数以万计,清乾隆皇帝赞扬说:"万古长春不用餐霞求秘诀,一言止杀始知济世有奇功。"清代道士闵一得,主持金盖山纯阳观,大振玄风,乐善好施,奖掖后进。当代道教宫观,不忘祖训,更加积极投入到社会慈善公益事业中。道教宫观植树造林、美化环境;赈穷补急、兴利除害;积功累德、慈心于物;忠孝友悌、正己化人。如道教宫观在甘肃的生态林建设,1998年洪灾捐款,四川地震灾害捐献等等,均彰显出道教宫观济世利物的高尚品德,由此清楚地看到宫观在道教传承中的地位和作用。

为了打造道教文化精品,提升道教品位;繁荣文化市场,满足群众需求;整合道教宫观资源,形成道教文化合力;推动对外文化交流,促进道教健康发展,响应"推动社会主义文化大发展大繁荣"号召,中国道协文化研究室以道教宫观为研究对象,推出"中国道教文化之旅"大型文化研究项目,把道教宫观文化承载的道教义理、建筑、绘画、生态等智慧和道教生动感人的故事展现出来,通过一座座宫观的文化之旅,探索发现出道教许多不为人知的价值内涵,从而彰显道教的人文精神。这样可以向社会人群提供优秀的道教精神产品、凸现道教文化魅力、创造良好的社会效益。从而提升道教形象,扩大道教影响,增强道教的亲和力,为构建和谐社会

做出积极有益的贡献。

感谢国家宗教局领导对《中国道教文化之旅》的大力支持,感谢各省道教协会、各宫观高道大德的积极参与,感谢今日集成广告有限公司张东升先生的热情襄助,感谢华夏出版社编辑的辛苦付出。我相信,道教文化的魅力与人文精神一定会通过本套丛书的出版而弘大显扬。

张继禹

2011 年 1 月谨识于北京

# 序二

## 序

上海道教历史悠久，宫观众多，其中浦东三林地区的圣堂就是一座具有千年历史的古老道院。

圣堂是地方人士的叫法，正规名称叫崇福道院。据民间传说和地方志记载，本道院始建于三国时期，原是东吴大将陆逊所建的家祠，后来成为道观。北宋时期，道观改祀真武为主神，并得到皇家重视，宋徽宗赐额"崇福道院"。这些说法也许无法找到正史文献加以印证，但民间长期口头讲述，显示了圣堂在地方历史和社区文化记忆中的重要地位。

圣堂所祀之神众多，除真武神（玄天上帝）之外，还有三清、玉帝、关帝、东岳大帝、吕祖、妈祖等尊神，还有施相公、刘猛将、上海城隍神、金元总管等地方性神明，一向香火旺盛，《三林乡残志》称之是"上海东南乡香汛最盛处"，在社区宗教文化中发挥重要作用。

历史上圣堂多次重修改建，其中1559年，即明嘉靖三十八年的那次重修影响最大。1553年，即嘉靖三十二年，倭寇骚扰上海，浦东很多城镇遭到严重破坏，唯独三林镇一带未受洗劫。百姓认为，倭寇不敢祸害三林，是倭寇惧怕道院主祀的玄天上帝。于是士民捐资纳帛，扩建殿堂，重饰神像，圣堂成为上海县的知名道观。倭寇惧怕玄天上帝的传说，在清末甲午战争和民国抗日战争期间被地方爱国人士两度提起，并两次成为重修庙宇的直

接原因。另外，从三林古镇诗词中，也有真武信仰的记载："千年古镇藏龙头，典当旗杆两眼球，圣堂真武助龙尾，永保三林民休安。"可以看出，在这座不算很大的道院里，一直蕴藏着爱民护国的优良传统，这是一笔宝贵的历史财富。

近年，我国重视传统文化保护，很多古老文化都进入了非物质文化遗产名录，道观也成了这些"非遗"项目的依托之地。圣堂也不例外，2007年3月，圣堂"三月半庙会"已经进入浦东新区的"非遗"名录，目前，正筹备申报上海市的"非遗"项目。随着三林地区的城市化进程，"三月半庙会"也由传统庙会转型为都市文化庙会，并纳入了三林古镇的综合开发规划，成为三林地区的重要文化名片。圣堂作为三林地区的主要名胜古迹，每年都吸引大批来自海内外的游客前来观光，感受上海的道教文化。

圣堂对于我本人来说，也是一个很特别的地方。1993年10月，我从上海白云观调到这里参与宫观管理工作，这是我人生的新起点。一转眼19年过去了，三林从市郊农村转变为都市社区，圣堂也从刚刚恢复开放的破旧道观转变成殿宇辉煌的宗教中心。今昔对比，变化之巨，令人兴叹！如此巨变，一方面要感谢这个伟大时代给道教提供了千载难逢的发展机遇；另一方面也要感谢上海市、浦东新区、三林镇的领导，长期以来对圣堂的关心和支持。当然，圣堂各位道友的辛勤努力，是这一切变化的根本原因。

《浦东名观崇福道院》即将付梓，张开华道长嘱余作序，趁此机会写下我的一点感想和认识，与各位读者共勉。

吉宏忠

2013年4月

# 目　录

## 浦东道教第一观 / 1
"圣堂"位于三林乡 / 2
浦东古镇三林塘 / 5
宗教文化渊源长 / 13
道教信仰氛围浓 / 19

## 千年道院称"圣堂" / 23
三国建祠　北宋赐额 / 24
明代倭乱　显圣护民 / 27
清代重建　民国衰落 / 32
历尽劫波　再创辉煌 / 37

## 名人文物交辉映 / 43
师祖创业　道统传承 / 44
官绅修庙　名士赞神 / 50
两块碑铭　见证兴荣 / 61
重修记略　护国宏愿 / 64
八幅绢画　显现特色 / 66

## 玄天上帝显灵光 / 73
总格局：崇福道院说变迁 / 74
灵官殿：灵官元帅守山门 / 83
真武殿：玄天上帝显灵光 / 95

　　三清殿：道教大神镇四方 / 101
　　文昌殿：文昌帝君保文运 / 111
　　慈航殿：慈航送子解苦难 / 115
　　众配殿：道教诸神显圣光 / 123

## 地方神仙香火旺 / 129
　　城隍神：保护生民佑一方 / 130
　　刘猛将：驱捕蝗螟是虫王 / 135
　　施相公：医治疾病保健康 / 141
　　金元总管：护航散粮救本乡 / 148

## 圣堂庙会动四方 / 153
　　烧烧圣堂香　投个好爷娘 / 154
　　喜迎三月半　祈福上圣堂 / 160
　　三月香汛来　诗人吟竹枝 / 171

## 道院文化活动多 / 177
　　文化庙会　四季不衰 / 178
　　地方风情　文化产业 / 183
　　慈善助学　服务社会 / 189

# 浦东道教第一观

上海浦东是大都市中的繁华之地，但在一片喧嚣背后，仍有一处幽静典雅的地方，它便是一座流传千年的古老道观。因为它面积小，虽为皇亲国戚所建，却不敢称宫；虽历史久远，但不敢称庙。人家谦虚地叫它"院"（崇福道院），有时干脆连院也不叫了，直接敞开胸怀，面对十方善信，叫"堂"（圣堂）了。

# "圣堂"位于三林乡

崇福道院,俗称"圣堂",坐落在浦东西部的三林古镇北部的联丰村,位于灵岩南路与杨南路的路口处。"圣堂"在上海有很多座,"圣"是神圣的意思,"圣堂"就是神圣的殿堂。崇福道院以真武大帝为主神,供奉着几十位道教的和地方的神灵。

崇福道院虽然不大,却有着悠久的历史。确切的创建年代已经无法考证,当地人相传始建于三国时期,原是东吴陆逊所建的家祠,北宋时改以真武为主神。1119年,即北宋宣和元年,宋徽宗赐额"崇福道院",这里便成为浦东地区的重要道观。1553年,即明嘉靖三十二年,倭寇入侵,三林遭到劫掠,唯独崇福道院周围地区未受滋扰,乡民认为是真武神护佑之功,

◎ 崇福道院的山门殿

◎ 道院2000年前后的山门

便纷纷集资，于1559年，即嘉靖三十八年，重修庙宇。这些事在《崇福道院碑记》中有明确记载。清代和民国时期，地方人士多次集资修葺道院，让这里的道教活动薪火相传，从未中断，一年一度的"三月半"庙会也日趋繁盛。

"文革"前后，崇福道院的宗教活动停止，道观建筑改作他用。1987年，上海市落实国家宗教信仰自由政策，道院重新对外开放，并恢复道教活动。当年在道院原址上重建殿堂，正屋增至3进，厢房10间，连旧屋共40间，占地面积超过2400平方米。1994年重建真武殿，1997年重修灵官殿和观音殿。2002年，在广大信众的支持下，集资八十余万元，完成了对三清殿的翻修，建成了高18米的两层大殿。2003年，又新铸铜钟一口，重达1500斤。现今崇福道院延续古代的坐北朝南格局，主体建筑沿南北中轴线共为三进：前为灵官殿，中为真武殿，后为三清殿；两侧还有钟楼、讲

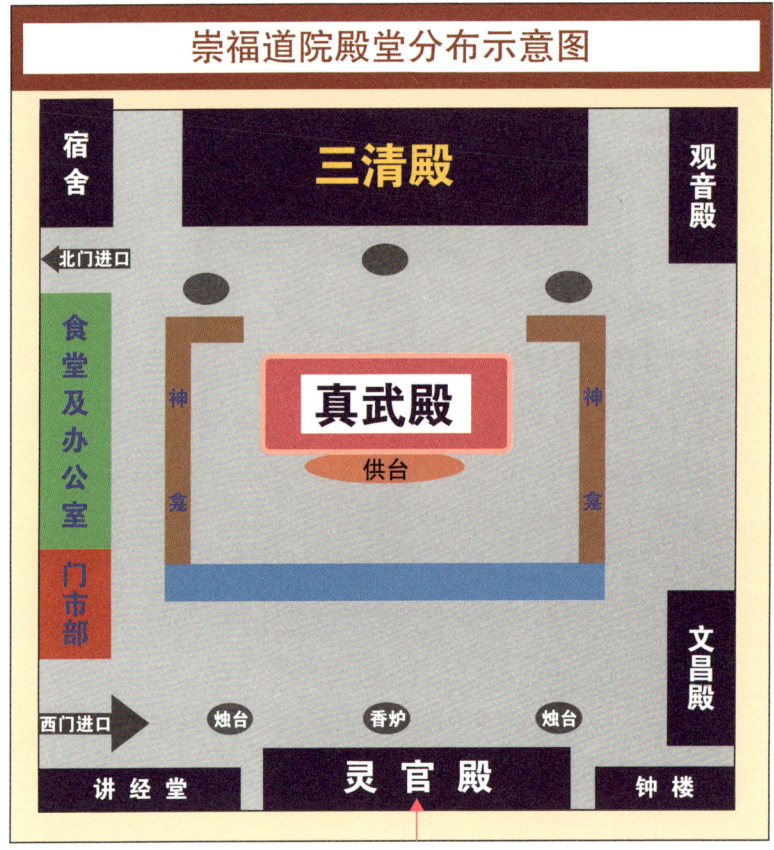

◎ 道院内殿堂布局

经堂、文昌殿、观音殿、娘娘殿等，另外还有素斋堂、香烛店、办公室、文化活动室等附属建筑。

古老的"圣堂"，现在已是三林地区的道教文化中心，也是浦东的道教文化中心之一。平日里道院内法音绵长，仙乐悠扬，香客叩拜，游客观光。每月初一、十五和民俗节日以及一些特定的道教节日，成百上千的善男信女前来烧香拜神。至于每年的"三月半"庙会，更是人头攒动，万人狂欢，成为如今浦东地区重要的道教文化展示平台。

# 浦东古镇三林塘

崇福道院,跟钦赐仰殿一样,是浦东的知名道观。浦东地区是上海的一个宗教文化氛围极其浓重的地区,该区域佛教、道教、天主教、基督教和伊斯兰教等五大宗教齐全,宗教场所分布广、数量多。历史上浦东的各种宗教场所有501处,其中道教和佛教场所多达422处,有"三里一小庙,六里一大庙"之说。改革开放以后,浦东新区落实宗教房产政策,逐步恢复开放宗教活动场所,已正式开放的场所达到38个,其中三林地区占了6个——崇福道院(道教)、西城隍庙(道教)、法华学问寺(佛教)、西昌庵(佛教)、三一堂(基督教)、杨思天主教堂。

◎ 崇福道院改建前(2004)的山门

◎ 筠溪烟雨（徐研儒绘）

　　三林俗称"三林塘"，别称"筠溪"，是浦东西部的一座历史悠久的古镇，它西接黄浦江，北依川杨河，东与北蔡镇、康桥镇相邻，南与闵行浦江镇相连。相传"三林"之名起始于北宋末年，当时有福建籍隐士林乐耕携带妻儿来此定居，他的两个儿子分别居住在东林、西林两处，他自己则住在中林，三个村庄相距很近，合起来就是"三林"。当时，浦东一带港浦众多，流经此地最大的一条便是三林浦，现在称作三林塘，也叫三林塘港。元代设置上海县后，三林一直隶属上海县管辖。自从黄道婆推广种棉、改进纺织机具和织布技术以后，三林人深受其惠，所产三林标布闻名大江南北。至明初，三林庄已经"民丰物茂，商贾云集"，成为上海县浦东地区的一大集市。1373年，即明洪武六年，朝廷在三林庄设立了军事性质的机构"三林巡检司"，其后范家浜疏浚，连通黄浦江，三林庄交通更为便利，居民增多，贸易范围扩大，逐渐发展成镇。关于三林的历史，清末多年居住在三林镇的陈行贡生秦荣光在《上海县竹枝词》中写道：

　　　　分住东西中处三，乐耕翁宅盛丁男。
　　　　三林十里庄传宋，巡检元官父老谈。

◎ 三林的地理位置

三林一带为江南水乡，河港纵横，舟船往来方便。跨越河港的多是木桥，也有十几座古石桥，其中历史最悠久的当数归泾溇（现在的新泾港）上的三座石桥。清代乾隆年间，三林镇进士张端木所著《西林杂记》说："归泾三石桥，曰天福梁、地禄梁、人寿梁，字法古浑，刻手亦佳，疑是宋以前刻石。"每当月白风清之夜，河面如镜，桥影倒映水中，颇有诗情画意，被称作"三梁夜月"，是当时所谓"西林八景"之一。

鸦片战争后，上海被开辟为通商口岸，外国洋布大量进口，三林标布的行情一落千丈。三林人汤学钊于镇东另设布庄，统一制定布匹尺寸规格和质量标准，销往华北、东北等地，从而振兴了标布产业。当时三林标布声名鹊起，有"三林标布进北京"之说。清末，三林镇的街面上遍设布庄、店、铺、坊、园、馆彼此相连，是上海县境内一个比较繁荣的城镇。清末三林镇有位名叫陈师咸的文人，曾作过《西林商家月令竹枝词》十二首，对三林镇一年到头的生活状况，

◎ 三林镇在浦东的位置

◎ 三梁夜月（徐研儒绘）

按照十二个月的顺序做全面描写：

正月三林商正闲，茶坊三日赌诸般。
各家鱼肉财神接，伙友辞来时一关。

二月三林闹赛灯，旌旗锣鼓过层层。
清明帛纸沿街买，青蟹鱼行早日称。

三月三林香汛来，圣堂场上去徘徊。
团箕箬挚如山积，路满游人轧不开。

四月三林农种田，下壅赶紧要铜钱。
手无蓄积衣裳当，典当门前竟接连。

五月三林重端阳，黄鱼肉粽必须尝。
来收齐米分蒲艾，几担时虾贩上洋。

六月三林街满瓜,店施痧药路施茶。
葛衣蒲扇宵犹热,男女乘凉笑语哗。

七月三林络纬啼,布庄收布把梢题。
太平打醮竿收锭,宝塔莲灯铛铛齐。

八月三林已半秋,栅场门蟀未全休。
斗香几只时光过,旗幡玲珑插上头。

九月三林共吃糕,土冈可上亦登高。
担头买菊栽盆里,蟹美鲈肥相对豪。

十月三林金过银,月初赛会闹三巡。
棉收稻获乡民富,各店兴隆事有因。

阳月三林天气寒,羊皮补裈互相看。
店家检点查还否,发票催来拨算盘。

腊月三林大小同,排门开直呷西风。
雪天索债杭靴着,除夕灯笼分外红。

陈师咸在竹枝词中写到的三月三林香汛、七月庙里打太平醮,都是圣堂的宗教活动。当然,这些竹枝词主要描写的是三林的经济、贸易活动和民俗生活,涉及了一年十二个月各种生产生活方面,犹如十二幅"三林风俗画",是研究三林历史风貌的难得资料。

清末的三林镇,有朱、汤、火、赵、陆、王、张、林、储、曹、陈等几大姓氏,其中汤姓的标布生意做得特别好,火姓经商赚了很多钱,朱姓则重视教育,家族里出了不少秀才,当时有民谣:"汤家的房子,火家的银

◎ 汤家老宅

子,朱家的儿子。"这些大姓人家各有历史,也各有传说。如林姓自称是林乐耕的后裔,是三林最早的居民;赵姓相传是宋代宗室之后。据说北宋末年皇室南迁过程中,有一支看到三林一带土地肥沃,景色宜人,乡民厚道,风俗淳朴,就在这里购置田产,建筑庄园,长期定居下来。经过南宋、元、明几个朝代的繁衍生息,清代赵姓已成为三林镇中的第一大家族,有"三珠堂"、"念祖堂"、"润鸿堂"、"鸿宝堂"等几个堂号,五六个深宅大院,赵姓曾占据三林镇居民近半,所以有"赵半镇"之说。

至于"火"姓,传说原是元末蒙古大将赤福寿之后。元朝末年,中国东南到处都是农民起义,张士诚的义军控制着上海一带。张士诚要杀尽蒙古鞑子,赤福寿为了逃避追杀,乔装改扮,给一家汉人当厨子。他正在灶膛前烧火时,张士诚的士兵来到这里,盘问赤福寿:"你是哪里人?姓什么?"赤福寿是蒙古人,说出真实姓名就暴露了身份,他看到灶膛里燃烧的火苗,急中生智回答道:"我是本地人,姓火。"士兵就这样被他糊弄了过去,他保住了性命,就在浦东定居下来。朱元璋建立明朝后,把滞留在南

方的蒙古人贬为堕民，集中居住，不得参加科举考试，不得做官，不得与汉人通婚。火姓子孙后来主要从事商业经营，并成为富甲一方的大姓。据浦东陈行镇《火氏家乘》记载，明清时期，火姓已是浦东的大姓，三林的火姓是其中的一个分支。

　　清光绪年间，维新变法成为当时中国的大趋势，出洋留学之风也吹拂到三林古镇。1892年，即光绪十八年，三林秀才朱孔文东渡日本留学，接受了维新思想，眼界大开，并立下教育救国的宏愿。在他的影响下，东渡留学蔚然成风，三林镇仅朱姓子弟就有八人赴日求学。据曹琪能《三林风情》一书介绍：留学之风一开，三林的学风大盛，1896年，即光绪二十二年，汤学钊、秦荣光等人在镇上创设三林书院（今三林中学）；1904年，即光绪三十年，秀才朱孔长创设贞固蒙学堂（今三林中心小学）；1906年，即光绪三十二年，赵履福创设润鸿女学，四乡还有其他学堂7所。一时间南汇、川沙二县的子弟都来三林镇上学。

◎ 三林绣庄内的工作场景

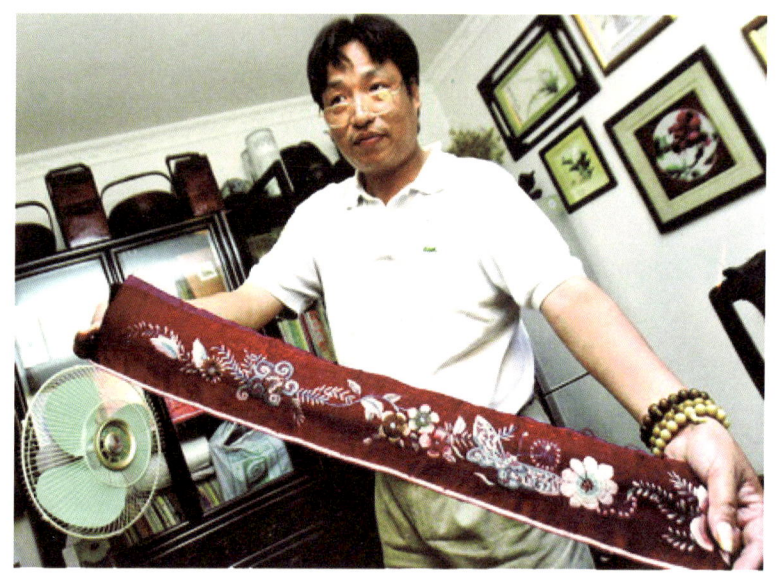

◎ 三林刺绣传人曹琪能

民国期间，三林镇设有近代化的织布厂，大江南烟草公司也设在镇上。1924年上南铁路通小火车，在镇东的孙家桥设立了火车站，交通更加便捷。此时三林镇老街用青石铺成弹格路，夜晚街道上先是点起煤气灯，后来又改成电灯，夜晚灯光煌煌，饭馆、茶社、药店、干货店、旅馆等遍及全镇，一派繁华景象。当然，这种景象随着1937年日本侵略军的占领上海、时局陷入动荡而消失。

新中国成立后，三林地区的经济逐步恢复和发展，20世纪60年代至80年代，几条主要街道修了水泥路面，一批社队企业相继开办起来。浦东开发开放后的这二十多年，随着上海市的迅速发展和浦东的大规模开发建设，三林镇早已不再是农村城镇，而是与浦东其他地方连为一体的都市区。现在三林镇面积34平方公里，有41个居委会和16个行政村，户籍人口11.7万人，外来流动人口近20万人，平均每平方公里居住近万人，属于开发中的都市区。这里处在2010年上海世博会展区的南部，被称作"世博会的后花园"。区域内高楼鳞次栉比，新建居民区、文化区、商务区、商业区规划整齐，是上海国际化大都市的有机组成部分。

# 宗教文化渊源长

三林镇有着悠久的宗教传承，文化底蕴深厚，这里不仅有让人们引以为豪的标布，还有独具风格的舞龙表演，圣堂"三月半"庙会也享誉四方。实际上，三林镇的宗教文化活动多种多样，道教、佛教、民间信仰很活跃，基督教、天主教、伊斯兰教信徒也不少。

三林镇的佛教寺庙原有乌泥泾庙、紫竹庵、海会寺、南积善寺、西昌庵等多座，现在有在乌泥泾庙旧址上修建的法华学问寺和西昌庵两座。原乌泥泾庙在三林古镇西北的临浦村，本来供奉的是黄道婆，属于民间神灵。明

◎ 黄道婆塑像

嘉靖年间，三林镇遭倭寇破坏，乌泥泾庙被毁，迁至滨浦。清康熙年间，乌泥泾庙又因水患而迁至临浦村，跟紫竹庵相邻，主要奉祀社神佛祖，黄道婆原像也迁于此。至道光年间，寺庙墙垣圮坏，乡人徐盛风、徐鸣凤等召集众人捐钱捐物，加以修葺，使庙貌焕然一新，破损的黄道婆像也得以重塑。三林百姓既纺棉织标布，对黄道婆的敬奉颇为虔诚。秦荣光有两首竹枝词赞颂黄道婆的功德：

乌泥泾庙祀黄婆，标布三林出数多。
衣食我民真父母，千秋报赛奏弦歌。

邑治西南半段泾，黄婆专庙妥神灵。
礼宜请列先棉祀，胜奉黄姑天上星。

秦荣光赞扬了黄道婆传授纺织技术、造福三林人民的恩德，也描述了三林百姓把黄道婆当做"先棉之神"，信奉之虔诚超过了对织女的信仰。每年农历四月初六是黄道婆生日，前来烧香叩拜的人络绎不绝，香火长期旺盛不衰。1922年，里人王振翔将乌泥泾庙并入紫竹庵内，并重建新庙，但没有将黄道婆神像立在庙内。当时三林名士朱天梵作文一篇，叙述王振翔修庙原委，并提议他为黄道婆塑像。文章说：

◎ 三林标布

本庙原来是祭祀黄道婆的祠堂。黄道婆，上海城里人，元朝末年漂泊到福建，学得种植棉花和纺织棉花的技术。回到上海后，黄道婆把种棉与纺棉技术教给了乡亲们。于是上海从黄道婆开始便有了棉花和纱布。考察先农、先穑的意义，应该是子孙万代在土地上耕种庄稼来吃饭。本庙曾经遭受战乱，神像多次被迁移地方，原来的乌泥泾庙在黄江西岸，后来迁移到这个地方。1821年至1850

年,即道光年间,重先修缮,最近又倾倒颓废。有一位叫王振翔的乡亲,原本是铁匠王杏全的儿子。王杏全曾经在我店铺附近的铁匠铺内工作,一直到现在仍然以打铁为生。王振翔在城里做裁缝,心灵手巧,头脑灵活,做出来的西服特别让洋人满意。当时英国驻上海领事因为吃官司被关在新衙门,而王振翔也因为吃官司与这位领事关在一起。二人在狱中情投意合,出狱后便成了经常来往的朋友。这

◎ 朱天梵(1928年摄于景平女校前)

位英国人后来在上海成为领事,于是王振翔便被选中进入英国领事馆工作。因为他被指派分管诉讼,所以得到的报酬十分丰厚。去年他竟然拿出四万元新修乌泥泾庙,如今已经落成,因此我们前往观看。庙全是四进平房,典雅古朴,两边走廊间有厢房十七、八间。管庙的人出面接待了我们,十分热情。我们参观了庙堂各处,唯独没有看到黄道婆塑像,感到十分茫然,就把我们的愿望告诉了管庙的人,并嘱咐他转告王振翔,一定要在庙里塑黄道婆的像,以正本清源,何况崇德报功是我们的传统礼仪。

新中国成立后,乌泥泾庙被毁坏,成了临浦村企业用房。2002年,原江津庙佛教徒大熙法师买下了原乌泥泾庙旧址,重新修建,易名"法华学问寺"。寺名"法华",起自佛教天台宗主要经典《妙法莲花经》,宣示寺院

以天台法华为宗;"学问寺"则表明寺院的性质,文化弘法,以佛理研究为主。庙宇主体为黄墙黑瓦,庙内供奉有两尊密迹金刚像(即"哼哈二将"),大殿内供有华严三圣像。该寺占地约十亩,建筑面积两千一百多平方米,是浦东重要的佛教活动场所之一,浦东新区佛教协会就设在寺内。

三林原来还有另一个重要的佛教寺庙——海会寺,位于三林镇东北,在崇福道院东面约二里处,现杨南新村小红楼是其旧址。相传海会寺为三国时吴国太(孙权母)始创,1298年至1307年,即至元大德年间,僧慧能住持时重建,清嘉庆六年(1801年)僧昙照重修。寺内存放慧能禅师的舍利子石函,被称作海会寺的镇寺之宝。寺内的铜墙铁壁钟为禅寺的重要法器,重约1500斤,声洪韵悠,每天清晨撞钟,方圆十里之内都能听到钟声。清代三林镇人王孟洮有诗曰:

　　　　古刹藏深林,叩之殊幽邈。
　　　　海鲸吼一声,五更梦初觉。

此情此景被称作"海会晓钟",是清代"西林八景"之一。至清末,海

◎ 海会晓钟(徐研儒绘)

会寺因年久失修，诸多名胜被毁，香火也随之衰微。民国时期，经过三林镇多位名士的努力，颓败的海会寺得以重修，三林名士薛惠康还为山门重书了"海会禅寺"匾额。然而，海会寺衰落趋势难以扭转，1945年归为苏州灵岩寺的下院。在"文革"期间的"破四旧"运动中，海会寺遭到毁灭性破坏，千年古刹一时烟消云散，寺内大钟被转移到上海博物馆收藏。今三林人曹琪能作诗感叹道："古刹传经谱史篇，生花妙笔古多贤。岁月辉煌已不复，烟消云散忆千年！"

◎ 孙权雕像

基督教的三一堂，坐落在浦星路290号。清光绪三十年（1904年），当时基督教卫理公会上海慕尔堂（今上海市西藏路汉口路之沐恩堂）派遣传教士来三林布道，后租赁三林塘西街圈门弄王姓房屋作为布道所，并搭建木架钟楼。1922年，胡振祥来三林传道，布道所移至三林东街典当弄任姓房屋，并以此为礼拜堂。其后，穆尔堂开始兴建三一堂作为永久传教场所，并于1934年建成。1958年教堂停止宗教活动，后被三林轻工机械厂长期占用。1980年代，随着宗教政策的重新落实，三林地区的一些老年信众从1983年起开始在家中聚会。1989年，上海市政府将三林轻工机械厂占用的三一堂房产归还基督教。1993年，选定在三林镇西南红旗村陈家宅重建三一堂，并于2000年建成了一座占地面积两千多平方米、建筑面积七百七十平方米的新教堂，三一堂又开始了正常的宗教活动。

三林地区的民间祠庙也不少，譬如过去在三林西南有射猎庙，相传是

吴王孙权射猎之处，也有人说是陆机兄弟射猎之处，说法不一，贵在有庙。倪绳中在《南汇县竹枝词》写道："庙寻射猎认依稀，不说吴王说陆机。何处晒旗场一片，五茸春草雉媒飞。"作者接下来对这首诗做了注释：三国时吴王的猎场，现在这里有射猎庙。又传说射猎场南有晒旗场，是射猎时遇雨晒旗帜的地方。秦荣光的《浦东故事》也说："三林西南有射猎庙，即古吴王猎场，遇雨于此晒旗。"可惜的是，这座射猎庙现在已经不存在了。

其实，上文介绍的祭祀黄道婆的乌泥泾庙，原本也是民间祠庙，只是后来佛祖取代了黄道婆成为庙里的主神。过去还有一座猛将堂，但早已不知所踪了。

# 道教信仰氛围浓

旧时上海县有城隍出巡习俗，每逢清明节、中元节（七月十五）、十月初一都有城隍出巡活动，俗称"三巡会"。三林镇过去有东城隍庙、西城隍庙两座，两个城隍庙都举行"三巡会"。

三林镇的东城隍神就是上海县城隍，名叫秦裕伯，爵号都是"显佑伯"。西城隍神名叫李若水，相传是宋代人，北宋末年的靖康事变，他随宋徽宗、宋钦宗被金人掳到北方，金人劝他投降，他不但不从，反而破口大骂金国皇帝，后来遭到杀害。宋高宗赵构念其忠烈，封他为松江府城隍神，封号是"威灵公"。按照《明史·礼志》的说法，天下所有府城隍神的封号

◎ 上海县城隍老爷秦裕伯

◎ 西城隍庙城隍出巡

都是"威灵公",所有县城隍的封号都是"显佑伯"。过去三林镇东、西两座城隍庙都举行"三巡会",两位城隍老爷出巡时都仪仗威严,鞭炮齐鸣,随从城隍神出巡的队伍浩浩荡荡,前呼后拥。队伍经西街,到东街,每到设点之处即上香敬神,弹压厉鬼,俗称"伐坛"。到中林街时,两庙城隍老爷相遇,互不相让,开始争吵斗殴,一较高下——实为轿夫、执事相互争辩。东城隍神只是县城隍,爵位是"伯",而西城隍神是府城隍,爵位是"公",按照公、侯、伯、子、男的五爵顺序,"威灵公"比"显佑伯"爵高两级,正所谓"官高一级压死人",两个城隍神不管怎样激烈争斗,最后都以东城隍神的逃跑认输而告终。

由于多种原因,三林镇的城隍出巡活动已经中断了六十多年。现在的西城隍庙位于三林老街最西边,靠近济阳路,旁边是西昌庵。庙与庵外面各有山门,里面相通,东为道观,西为佛寺。道佛外分而内合,两教彼此融合,这是三林寺庙道观的常见情况,所以,我们在西城隍老爷的出巡活

◎ 城隍出巡的仪仗

动中可以看到很多和尚在念经。2010年11月6日，农历十月初一，在三林镇居民沈凤娟、王丽华、王宝雅、周明矾、曹琪能等人的精心策划和组织下，西城隍庙恢复了城隍出巡活动。据《西城隍庙城隍出巡碑记》描述：当天出巡的队伍长达千米，参加者超过千人，出巡队伍有头路旗、鸣锣开道、风调雨顺、国泰民安立杆旗、三角杏黄旗、托香会、夜叉、无常鬼、绕龙灯、腰鼓队、打莲湘、荡湖船、蚌壳精、猪八戒背媳妇、海派秧歌、挑花篮、清音班、拜香、跟香、硬牌、城隍大老爷轿、二十八星宿旗护驾……沿途百姓，欢迎至极，鸣炮迎接，队伍经过新造之梧桐桥、马家桥、塘坊桥，均立案桌伐坛，颇有古风。这次出巡活动的全线行程超过3公里，整个过程秩序井然，社会各界反响良好。随后，2011年的清明节、中元节、十月初一，西城隍庙也举行了城隍出巡活动，这实际上宣告上海中断六十多年的"三巡会"已经得到了恢复。三林古镇恢复城隍出巡活动，这在当今的上海都市民俗文化中算得上是一种创举。

◎ 城隍出巡，执掌旗幡的扈从

从活动安排中可以看出，三林古镇的西城隍出巡活动具有过去城隍出巡的基本内容，前面有人打着旗帜、鸣锣开道，扛着"肃静"、"回避"、"奉旨出巡"、"威灵公"等硬牌，中间是八人抬的城隍大老爷轿，两侧是二十八星宿旗、三角杏黄旗护驾，后面紧跟牛头马面、黑白无常、各种罪人、犯人，还有庞大的文艺表演队伍渲染气氛。

城隍出巡活动与崇福道院烧头香、接财神、拜太岁、"三月半"庙会等活动一样，是三林地区富有特色的道教文化项目。

# 千年道院称"圣堂"

崇福道院从三国时期诞生以来,饱经风霜,历经沧桑,但无数次的存毁,始终没有磨灭神灵的光辉,道文化的传承和无数人为之倾注的心血,依然以崭新的面貌、端庄的神容矗立在繁华的浦东。

# 三国建祠　北宋赐额

崇福道院在创建时没有留下碑刻,也没有地方文献记载,我们今天考察它的历史,除了依据后世文献的追述之外,还可以参考民间口头流传的说法。

按照三林一带的民间传说,崇福道院是三国时期吴国大都督陆逊为母亲修建的家祠,后来又变成了陆逊祠堂;而民间有

◎ 龙

"圣堂"是龙尾的传说,于是崇福道院的来历有两个说法,第一种:当时浦江东西两岸有两座大庙,浦西的是龙华寺,是孙权所造,属于佛教;浦东的是陆逊祠堂,就是后来的"圣堂",属于道教。当地民众认为,龙华寺是龙头,圣堂是龙尾,黄浦江是一条黄龙的身子,只要黄龙的身子一翻滚,黄浦江两岸就变成汪洋大海,所以要在龙头和龙尾造庙镇压,让它动弹不得。三林有民谣:

黄龙过江头尾扰,周瑜过来斩一刀;
头截两岸锐在东,造了寺接保安康。

从这个民谣来看,这里以前可能还有周瑜斩黄龙的传说,斩断的黄龙

头尾在黄浦江东、西两侧,在两地分别造一座庙堂,是为了镇住黄龙,使他无法为患。

"圣堂"是龙尾的另一种说法,跟黄浦江、龙华寺无关,而跟三林镇的风水有关。几百年来三林人都说,三林镇的地下藏有一条卧龙,龙头在三林老街,龙尾在镇北一里半的圣堂,老街旗杆弄、典当弄的两口古井是龙的两只眼睛。三林另有民谣说:

千年古镇藏龙头,典当旗杆两眼球;
圣堂真武助龙尾,永保三林民休安。

民谣中描写的正是传说中三林镇地下有龙,而这条龙是三林的风水所系,它跟圣堂的真武大帝一起,共同保佑三林人民幸福平安。

这两个圣堂的传说,内容不同,但都说圣堂能够造福三林人民、保佑一方平安,也都跟道院的建造目的和起始有关,前一个传说明确指出了圣

◎ 倭寇在海岸登陆

堂创建于三国时期，后一个却没有指出具体年代。这些口头传说不是信史，但给我们提供了一种理解道院历史的参考性知识。

如果依靠古代文献来探寻圣堂的历史，最早的文字记载就是现在竖立在崇福道院真武殿前的那块由本邑人士奚良辅撰写于1559年，即嘉靖三十八年的《崇福道院碑记》。这篇《碑记》说："迩者倭奴作变，戕害海民，特兹一方，保障安宁，虽籍明时之昌运，亦惟荡魔之玄勋，民莫不敬且悦，士靡不颂而钦。"碑文介绍了真武大帝的功德，倭寇侵扰三林镇，唯有道院附近没有受到侵害，人们认为是真武大帝保佑了这一方安宁，所以当地人对真武大帝非常敬畏。不过，碑文中对于圣堂建于何时，却只字未提。

所幸的是，道院内保留下来另一块石碑，即《崇福道院赡田碑记》，是1692年，即清康熙三十一年春日所立。这篇碑文采用了当时崇福道院住持道士陆孝友的说法，说："本院建于宋代，载在邑乘，供奉佑圣帝君，祈祷必灵。"佑圣帝君即玄天上帝，是真武大帝的另一个称呼。陆孝友这里只说"建于宋代"，至于是建于北宋还是南宋，具体什么年代，以及这个说法记载在哪一部"邑乘"（即县志）中，都没有说清楚，我们也无法进一步查证。

1871年，即清朝同治十年的《上海县志》第三十一卷又提供了一种新的说法："崇福道院，《陈府志》云：俗称'圣堂'，在杨师（杨思）桥南。宋宣和元年赐额，明嘉靖中毁，重建。"这里引用《陈府志》，说1119年，即宋宣和元年，皇帝曾经给道观赐额。北宋宣和年间的皇帝是宋徽宗，据说以前庙内"崇福道院"的匾额就是他所题写。宋徽宗曾自称道君皇帝，信奉道教神仙，曾经给一些道观题写庙额，所以徽宗赐额的说法就很容易被道长和信众接受。这个说法流行开来，逐渐成为认定道院历史开端的一种说法，有人把此说当做崇福道院建于宋代的证据。实际上，出现这个说法是很晚的事情。

从以上历史文献可以看出，明朝嘉靖年间崇福道院已经受到地方官员和绅士的重视，并捐资修庙，立碑为记。既然当时的人都把它当做古庙了，那么往前追溯三四百年，设想它建于南宋或者北宋，应该是可以接受的。

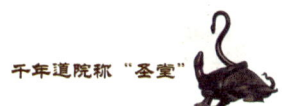

# 明代倭乱　显圣护民

自元代中后期以来，南方道教以符箓、斋醮为主，而北方道教则以内丹修炼为主。到明代，明太祖朱元璋于1374年，即洪武七年在《御制玄教斋醮仪文序》中说："朕观释、道之教，各有二徒。僧，有禅、有教；道，有正一、有全真。"朱元璋在1382年，即洪武十五年正式将道教划分为正一和全真两派，并专门设道录司管理全国道教。崇福道院地处江南，道法以符箓、斋醮为主，属于正一派道院。

现今可以看到的对崇福道院最早的文字记载，都跟1553年，即明嘉靖三十二年的倭寇入侵有关。崇福道院之所以驰名上海县，也与这场倭乱有关。

倭寇之乱始于元末明初，当时一批日本内战中失败的武士跟中国东南沿海破产的农民（或渔民）相勾结，组成海盗，袭扰中国东南沿海地区。明太祖朱元璋为防御倭寇，建立了卫所制度以加强海防。1386年，即洪武十九年，信国公汤和奉命在上海县周边的险要之地建立金山卫、太仓卫、镇海卫、海宁卫，每卫驻军五六千人，

◎ 明代遭受倭寇侵扰的沿海区域

◎《倭寇图卷》明军出征的场面（明·仇英画）

卫下又设置所或堡，堆土筑城，把守海陆要冲。对这段历史，秦荣光《上海县竹枝词》写道：

汤和奉诏备倭奴，沿海筹防扼要图。
南汇城屯千户所，守成法足保全吴。

秦荣光诗后还有注释："《明史》：洪武十九年，命信国公汤和备倭海上。以方国珍次子鸣谦习海事，请与俱，乃度地浙西东，并沿海设卫所城。"倪绳中《南汇县竹枝词》也写道：

倭寇前明扰海疆，迢迢南北备兵防。
墩分十一团分九，守望相连老护塘。

倪绳中在注释中补充道："洪武中屡遭倭警，方国珍次子亚关降，献战船水军数万，缘海备御，设卫所及团墩，遇警举烽，首尾策应。"后来，随

◎《倭寇图卷》水上交战的场面（明·仇英画）

着明朝政治日趋腐败，至嘉靖中期，已是海防松弛，兵不堪战。于是，倭乱四起，东南沿海都遭受侵扰，甚至出现六七十名倭寇就能深入内地数百里、杀伤数千人的情况。嘉靖三十二年，倭寇在汉奸汪直带领下，对浙江、江苏两省大举入侵，造成的破坏尤其惨烈。据《明史·外国传》记载：1553年，即嘉靖三十二年农历三月，汪直勾结倭寇大举入侵江浙一带，倭寇数百条军舰连成一片，遮蔽海面，蜂拥而至，浙江东部、西部，江苏南部、北部，沿海数千里，同时告急。倭寇攻破昌国卫（今浙江舟山市）。农历四月进犯江苏太仓，攻破上海县，掠夺江阴，进攻乍浦（今浙江平湖市乍浦镇）。农历八月洗劫金山卫（今上海金山卫镇），进犯崇明及嘉定。倭寇对上海县的破坏十分严重，仅嘉靖三十二年四月到六月，短短三个月时间内，倭寇先后五次劫掠上海县城，县丞、镇抚被杀，百姓死伤无数，民宅遭到焚烧，居民流离四散。为了抵御倭寇，这年十月上海县城开始构筑城墙，仅仅用了三个月时间，到十二月即告竣工。依托城墙防御，倭寇再也没能闯入上海县城，然而，县城外的城镇乡村仍然屡遭祸害，法华、江湾、大场、罗店、真如、吴淞等繁华城镇，一时间化为废墟，高桥北边的清浦镇更是一蹶不振，从此变成了乡野。位于三林周围的周浦、乌泥泾、下沙、新场等原本也是"繁荣胜县"之地，也因倭乱变成一派瓦砾。三林镇没有城墙，与周浦近在咫尺，又与乌泥泾隔江而望，却奇迹般地没有遭受太大损失，这在上海地区历时数年的倭乱中堪称罕见。后来朝廷在浦东的川沙镇建置城堡，驻兵守备，倭寇对上海县的袭扰才逐渐结束。秦荣光在《上海县竹枝词》中写道：

嘉靖倭寇来海东，经过村镇劫灰中。
浦东久踞为巢穴，堡筑川沙贼始穷。

◎ 崇福道院赡田碑

倭乱平息后，三林一带便产生了这样的传说：倭寇来自东北，崇福道院奉祀的真武大帝是北方之神，倭寇惧怕真武大帝，所以不敢蹂躏三林。于是三林百姓相信，依赖真武大帝的显圣护佑，才保全了三林的安宁。这个传说愈传愈广，崇福道院一时名声大噪，成为松江府内知名的道院。

经历多年战乱，崇福道院因年久失修，墙垣残缺，殿堂破败。三林乡民感激神恩，纷纷捐资，于1559年，即嘉靖三十八年重修院宇。《崇福道院碑记》就是这次重修时镌刻的。从碑文中可以看到，当时参与修庙的不仅有4位道士、12位善信、1位善人，还有4位太学生，由四川按察使司副使、邑人奚良辅撰写碑文,广东按察使司副使、郡人王会书丹。奚良辅在《碑记》中说,崇福道院主祀北极佑圣真君玄天上帝,他的銮驾虽然在天上,"驻跸常御乎三林",就是说真武大帝经常在三林的崇福道院短暂驻留,所以他能够在此显圣,保佑平安。

重建后的崇福道院前后四道进深,院内楼台殿阁,蔚为大观。山门两侧有大型石狮一对,门道供奉土地神;二道东厅为城隍殿,西厅为鲁班殿;三道正殿供奉玄天上帝,案前左右塑张、窦二将,下设三十六员天将,东厅为慈航殿,西厅为东岳殿;四道为三官楼,东西两厢为十阎王殿。重修后不仅道院格局整齐,主要神灵齐全,还成为三林镇北边的一处名胜。

1918年编撰的《上海县续志》,针对同治十年《上海县志》第三十一卷中"明嘉靖中毁,重建"的说法,特别指出:"明倭寇未犯是院,里人于嘉靖三十八年革故改新,前志云因毁重建,非。"《上海县续志》的作者认为,崇福道院在明嘉靖年间并没有被毁,只是年久失修,随后在嘉靖三十八年得以新修。这个说法符合《崇福道院碑记》和其他文献的记载,是比较可靠的。

# 清代重建　民国衰落

经过嘉靖三十八年的重修，崇福道院进入到一个全新的阶段，出现了几位高道，庙产也不断增加。这种情况虽然没有文人做具体描述，也没有地方志记载，但《崇福道院赡田碑记》还是透露了一些信息。

1692年，即康熙三十一年镌刻的《崇福道院赡田碑记》，记载了崇福道院当时的主持道士是陆孝友，他尽心尽力管理道院，耕作庙田。当时庙院占地8亩7分8厘2毫（相当于现在的两倍多），庙田约30亩，征得上海县正堂同意后，将这些铭刻在石碑上。刻这块石碑的主要目的，一是详载庙产的位置、亩数，明确庙田收入是供给常住道士生活所需；二是防止后世的"徒子法孙"动辄变卖田产，让千年古刹失去根基。上海县正堂

◎ 道院内信众在折叠"金元宝"

"准赐勒石",并告诫后世道院内的道士,如果有人胆敢出卖庙产中的土地,"诸人等鸣鼓共攻,禀县究惩斥逐"。也就是说,这块石碑是以上海县正堂做见证人而竖立的,具有一定的权威性,对后世的道士具有相当大的约束力。

《崇福道院赡田碑记》还有下面这段文字:"本院僻处穷乡,醮斋寥落,自□祖师倪宣之曾署道会,因顺治十八年夏旱,祈雨回山,覆舟而逝,随蒙前正堂老爷余,豁免道司二役。"说崇福道院处于穷乡僻壤,醮斋寥落,香火不旺,这可能是陆孝友的谦逊之词,但也清楚地表明了崇福道院原本是乡村道观,经济条件不太好。从这段文字还可以看出,清朝初年,道院里的高道开始得到县衙的重视,所以在天旱的时候,县衙请倪宣之到县城祈雨。倪宣之在1661年,即顺治十八年祈雨后返回道院途中,突发意外,遭翻船落水之难,县正堂余老爷随后免去了崇福道院的道司劳役。

清朝中期的崇福道院,并没有文字记载相关情况。当时道院的东西两侧各有一株相传是宋代栽种的古银杏树,铁干虬枝,高大参天,婆娑摇曳,成为道院一景,也是道院的标志。三林镇诗人王花浓曾于1821年至1850年(道光年间),写作《古银杏》两首,专门描写这两株古树:

> 墙上蟠根殿上连,十围葱郁势参天。
> 行人争讶树何古,树阅行人九百年。
>
> 底事乔柯寿独长,试将人物细评量。
> 人多情欲衰颓易,树却全真内不伤。

王花浓的这两首诗描写了两棵参天古树的生长状貌,并认为两棵树因为清心寡欲,独得全真内丹,所以能够长寿,而人之所以迅速衰老,是因为情欲太多的缘故。两首诗虽然浅显如白话,却颇有劝道之意。

1851年至1861年,即咸丰年间,有一位名叫叶廷琯的苏州文人,因太平军攻占了他的家乡,他寓居上海,春日无事,曾来到浦东游玩,在崇福道院看到这两株古银杏树,内心颇生沧桑之感,写诗一首以寄托感叹:

> 银杏双株值宋年,三林古物足留连。
> 故乡亦有千年树,劫火深愁玉化烟。

叶廷琯《浦西寓舍杂咏》中的这首诗,后面有小注:"浦东三林塘崇福道院银杏二株,为宋淳熙时物。今春往游,乔柯清荫,洵为大观。忆及故乡积善寺西院宋梅,近日恐已摧为薪矣!"看到这两棵参天古树,他联想到自己的家乡被太平军占领,而太平军又喜欢捣毁古寺,他担心家乡积善寺中的宋代古梅树已经遭到摧折、化为薪柴了。

到清末光绪年间,道院又因年久失修,大殿倾圮,真武神像晴天被晒,雨天被淋,于是又有乡绅提议重修圣堂。据《上海县续志》载,1895年,即光绪二十一年,邑人曹骧等人,邀集城乡人士,先后募得善款四千余金,于当年十月初二开工,重修大殿。

曹骧在自撰的《重建大殿记略》中,述说了自己捐资建造圣堂大殿的原因:1894年,即清光绪二十年,中国和东洋开战,曹骧往来南京、台湾之间了解战况。有一天晚上,曹骧梦见自己来到浦东杨思桥,见有一庙,身旁有人说这是前代倭寇来时所建。但等到他进入庙内,却没有看到神像。他醒来甚感惊异。几天后,有杨思的亲戚来访,他告诉这位亲戚自己梦中所见,问亲戚这里是哪位神灵?亲戚回答说:"这座庙是崇福道院,里面供奉真武大帝,在明朝颇著灵应,相传倭寇不敢靠近此庙,地方赖以安谧。现在这里的大殿已经倾圮,神像处在日晒雨淋之中。你梦见庙中无神像,难道真武神已离开了这里吗?"曹骧回答道:"有这样的灵验事?我的梦怎么做得这么是时候呢!现在北方有战事,真武帝为北方神,必能在冥冥中呵护中华,以遏制倭人气焰。如此说来,修这座庙,刻不容缓!"

翌年曹骧集资修庙,又过一年(1896年)修葺完工,道院由四埭改为三埭,据《三林乡志残稿》的记载,前埭供奉伽蓝、城隍等神。二埭是正殿,供奉玄天上帝、旁边塑有三十六天将,神态各异,有的三头六臂,有的面如蓝靛,有的红须蓝睛,有的身生双翼,有的足如鸡爪。除了潮神伍子胥、金龙四大王谢绪,上将岳飞有书册可查之外,其他都"怪怪奇奇,不可思议"。正殿南边的廊庑供奉十殿阎王,"凡炮烙、腰斩、鼎烹、剥皮诸恶刑均有,阅之憷人心目"。西间还供奉东岳大帝。第三埭两层,楼上供奉三官神像,楼下也供奉多位神仙,东端是道长的起居室,南汇高道王作霖就曾居住在这里。

这次崇福道院重修时,还遇到一件奇事:开工前一日,工匠们运送八百株巨木,从黄浦江入杨思港,由于港

◎ 二十八星宿神将

口内久淤不通,无法水运,雇用了五六十名民工准备卸船搬运。熟料木头到港口时,突然潮涨数尺,巨木顺流而上,直接送达道院旁边。乡民都认为这是神助。于是,民间盛传真武大帝再次显灵。到第二年大殿竣工时,秦荣光为大殿撰写楹联:"三百年庙貌聿新,海上灵潮,竟运到千章神木;一再劫兵灾独免,云间福地,弥羡兹四野黎民。"这副楹联把"海上灵潮"特地写出来,可以看出当时乡绅、学者对这件事的传颂和赞叹。

进入民国后,由于抗战时期政局动荡,国土不宁,崇福道院的香火逐

◎《重修圣堂碑记》拓片

渐衰落。据三林名士朱天梵《与客过崇福道院》一诗描绘,当时大殿内神像无人清洁,道院里古碑扑倒在地,老树参天,胳膊粗的葛藤沿着院墙攀爬,一派没落景象。日军占领三林后,仅1938年就在三林镇烧毁房屋207间,一百多户人家受害。1942年日伪军在三林一带清乡,在镇北设封锁线,孙家桥、镇西街口设有"检问所",盘问来往行人,逮捕并杀害多人。三林市面冷清,崇福道院也无人问津。朱天梵在《重修崇福道院碑记》中描述抗战时期的崇福道院,两株古银杏树仍在,神像格局也一仍其旧,只是"塑绘凋蚀,栋宇垂倾"。当日伪军驻扎三林一带经常骚扰百姓之际,有人认为真武神以前有驱逐倭寇之功,现在倭人为患,怀疑是道院失修,神不保佑。于是,到1943年农历六月间,三林乡民任兆铨等人筹得款项,再度重修庙宇,并于次年三月完工。重修以后,道院建筑保持了原来的三堕格局,神像也没有大的改变。据曾任崇福道院住持的洪兰卿、朱菊林回忆,当时道院还有庙田四十多亩,新中国成立后实行土地改革,按照国家政策,庙田被没收。

## 历尽劫波　　再创辉煌

新中国成立后，圣堂的道教活动减少，庙宇被居民占用，后来又为农业生产大队借用。1954年，"三月半"庙会改称"三林城乡物资交流大会"，至1967年停办。"文革"期间，道院内的神像全被捣毁，经书法器都被烧掉，所有斋醮法事活动都无法举行，后来道士被当做牛鬼蛇神遭批判，被遣返生产队劳动。道院先是被用作牲口圈，后来开办过拉力器厂、钢笔厂、石子厂等，院内两株古银杏树先后枯死，大殿门前两条直径约0.5米的盘龙石柱，系1895年曹骧在重修大殿时用花岗石雕刻，盘龙抱柱蜿蜒，甚是生动，也被折断（现保存在闵行区文化馆）。

◎ 道院内的殿堂（1986年恢复开放之初）

"圣堂"遭受的劫难,在改革开放之后结束。随着国家落实宗教自由政策,1986年9月,在有关政府部门的支持和帮助下,占用道院殿堂的村办企业全部迁出。1987年1月,道院本着一边修复一边开放的原则,开始恢复道教活动。1990年到1997年,崇福道院的真武殿、灵官殿、观音殿先后开放,修复工作告一段落。

在道院重新开放初期,唐顺昌道长主持圣堂的工作,并为圣堂的建设做出了很大贡献。当时在道院工作的道士都是年事已高的老人。

唐顺昌,法名鼎先,1921年生,上海县三林乡胜丰村人。从小因生活贫困,十岁就随父亲唐乔生学道,十二岁又拜顾宏轩为师。拜先生时交付学费五斗米,学五年,又帮五年,十年后才回家。他先与父亲搭档做法事,而后自己独立。他曾感到道教戒规太多,一度弃道从商,但不久又恢复做道士。"文革"期间被送到窑厂劳动,但晚上仍私下坚持做道士。80年代中期,他积极筹备重建圣堂,1987年圣堂恢复,唐顺昌被推举为道院管理组组长。圣堂恢复时,观内几乎没有一本完整的经书,也没有一副完整的对

◎ 三林圣堂山门(1990年代)

联，他起早摸黑地抄写经书、撰写对联，现在道院内道士所念的经书仍有一部分是在他主持下抄写出来的。

乔文彬，法名鼎冲，1919年生，上海县三林乡安乐村人。他曾是崇福道院管理组副组长，与唐顺昌一起为重建道院做出不少贡献。他的父亲乔水泉和兄长乔根彬都是道士。他十三岁随师学道，后又跟唐顺昌学习。1987年他进入圣堂，由于擅长书法，他为圣堂抄写了大量经书。

徐舟根，1922年生，上海人。十四岁师从王南华学道，满师后，他一边从道一边耕作，"文革"期间停止道教活动。1987年之后，被聘为经师，曾担任崇福道院道院管理委员会副主任。

乔铁莼，1929年生，上海人。十四岁随父学道，满师后曾在南汇县周浦纯阳殿做道士。1988年被聘为经师，1993年被推选为崇福道院道院管理委员会副主任。

道院重新恢复之初，延续旧的家族式管理方式，一个人在庙里管事，家庭中的其他多名成员也在庙内做事。1993年11月，从上海道学院毕业的史孝进、吉宏忠等青年道长，与老道长乔铁莼一起组成新的道院管理委员会（简称"道管会"），道院管理工作呈现出年轻化、知识化、专业化的新气象，也给这座古老的道院带来了新的生机。

1994年4月和1995年1月，由于吉宏忠、史孝进先后调往上海市道教协会工作，崇福道院又推选出由王进、乔铁莼等道长组成的"道管会"。王进道长在主持道院期间修建了真武殿，并于1995年8月至10月相继修建了道众宿舍和道院商店。

1997年12月，崇福道院的管理机构再度进行调整，成立了由叶有贵、徐炳林、乔铁莼等道长组成"道管会"。在叶有贵负责下，重修了灵官殿和观音殿。

2001年3月，崇福道院由张开华道长任"道管会"主任，道院建设和管理工作步入新的阶段。在他的主持下，2002年8月至2004年11月翻修了三清殿，建成了建筑面积约476平方米、高18米的二层大殿。2004年春，为了配合三林道路建设和地区整体形象改造，道院以拆除庙观旧牌楼

◎ 崇福道院道长参加龙虎山天师府道教活动

的条件与开发商置换道观西南角的土地，从而使道观的外观形象得以完整恢复。同时，在三林镇政府的关心下，庙观西边的违章建筑物得到全部拆除，并布置了绿化带和停车位，使道院的外观形象得到进一步改善。

除对道院的整体布局加以调整之外，从2001年开始，道院开始了殿堂的内部整修，尤其是对殿堂神位进行了重新布局，对殿内的神龛做了整体设计，根据道院的经济条件，逐步进行彩绘和贴金，道院的整体面貌逐步得到改善。

如今，崇福道院仍是三进：头进灵官殿，二进真武殿，三进三清殿。现在的崇福道院虽然占地面积不是历史上最大的，但建筑面积却达到一千八百平方米，是历史上最大的。道院内的殿堂布局严整，宏伟轩昂，神像数量众多，神貌庄严。道院内现有道长十一人，在举行重大斋醮活动时，可以从浦东、浦西其他道观借调二十多人，能够举行各种大型科仪活动。近年，崇福道院每年举行法事活动超过二百五十场，2011年"三月半"圣堂庙会法会参与道众达六十多人，规模盛极一时！

◎ 圣堂庙会

崇福道院的重建和道教活动的恢复得到了上海市政府的支持，市委领导龚学平、罗世谦、杨晓渡、钱景林等人先后莅临道院视察，对道院在宗教活动中取得的成绩予以充分肯定。上海市民族宗教委员会、上海市道教协会、浦东新区政府、三林镇政府的历任领导也多次来道院考察并指导工作。

政府支持不仅表现在精神上，还体现在物质上。譬如，1987年崇福道院刚刚恢复开放，正当百废待兴之时，就得到了上海县人民政府援助的一卡车檀香木，之后道院请工匠精雕了慈航道人（观音）、玄天上帝和东岳大帝的神像。1987年11月10日（农历九月十九）慈航道人（观音）神像开光，道众、信士约八百人前来进香朝拜，浦东和三林镇的相关主管领导也到场祝贺，场面十分热闹。

崇福道院在一年一度的清明节、"三月半"庙会、农历七月十五的太平醮、冬至普渡，以及诸神圣诞日，如真武大帝圣诞农历三月初三、刘猛将三月十六圣诞、东岳大帝圣诞三月二十八、施相公圣诞四月初八、龙王圣诞八月十八以及观音圣诞日二月十九、得道日六月十九、出家日九月十九等，都有大量信众前来进香膜拜。

近几年，崇福道院香火最旺的日期当属农历新年，从除夕到初一上午，数以千计的信众前来烧香拜神，祈愿新的一年家人平安、事业顺利、身体健康、吉祥如意。正月初四夜到初五上午，前来接财神的香客也有几千人之众。新年期间举行的拜太岁太平醮，也吸引众多香客前来参加。

每逢重大活动，上海市道教协会、浦东新区和三林镇有关领导都会前来参加开幕式活动，公安部门还派出警员前来疏导交通，维持会场秩序。

国家宗教自由政策的保障，各级政府领导的支持，道院全体道长的共同努力，加上中国经济社会的迅速发展的促进作用，共同造就了崇福道院今天殿堂巍峨、神貌奕奕、香客如云、节庆繁荣的辉煌景象。经过"文革"浩劫，在一片空白的基础上，仅仅恢复开放二十多年，道院建设就取得了如此巨大的成绩，开创了三林社区道教发展的全新局面，这是很多人都难以想象，然而又确实发生了的新传奇故事。

◎ 法会期间圣堂热闹场景

# 名人文物交辉映

崇福道院建庙近千年来，历史上出现过几位比较有影响的道长，也曾吸引一些地方文化名人的关注，还有一些很有价值的文物被保存下来。但总的来说，古代留下的文字记载并不多，见证道院历史的文物由于过去不注重登记和保管，近代以来（特别是"文革"）又遭到严重破坏，今天所能看到的只是其中的很小一部分。通过这些硕果仅存的文献和文物，我们仍可以追溯崇福道院的师祖们艰辛的创业历程，也可以看到历代官绅和地方名士对道院的关心和支持。

# 师祖创业　道统传承

崇福道院虽然在民间传说中有创建于三国的说法，但宋代以前的历史，因年代久远文献缺失，如今已经难以追述了。宋代以后的历史，也仅在明清碑文和晚清的地方志中提到一点，多数是由道士口传下来的，后人以文字的形式书写出来，可靠性不高。真正让崇福道院"一举成名天下知"的，是明嘉靖年间的显圣护民传说。

一座乡村道观，庙里的神明竟然如此灵验，于是地方官员和绅士也都

◎ 崇福道院内众道长与信众一起祈福

◎ 道教仪仗行街表演（2008）

踊跃捐款，不仅道院得到重修，还留下了一篇《崇福道院碑记》，成为今天考察道院历史的最早文献。

明代崇福道院的道士，留下姓名的有章以明、顾静然、陈大中、姚师仲等4人，都刊刻在《崇福道院碑记》上。他们都参与了道院的重修，但他们具体做了什么，有什么特长，今天都无法知晓了。

嘉靖三十八年重修后，让这座道院在上海县获得了比较高的知名度，道院住持得到了上海县衙门的器重，参与地方祈雨消灾活动。这时道院已经有了自己的田产，还有经济实力为地方做一些修桥补路之类的善事。这些事情在清初顺治、康熙年间制作的碑刻上留下了点滴记载。碑刻中提到的道士有：

**倪宣之** 清初崇福道院住持，曾署上海县道会司。据《崇福道院赡田碑记》记载，1661年，即顺治十八年，江南大旱，上海县衙邀请倪公前往县城祈雨，他归来途中，不幸覆舟而逝。上海县正堂余老爷为此事免除了

道院的劳役。

**康民初** 清初崇福道院住持,躬耕庙田,精心经营道院,然而常住道士的日用之需仍难以自给。

**陆孝友** 清初崇福道院住持,亲自耕种庙田,殚心竭力维持道士生活,并为朝廷输送粮食。陆孝友住持崇福道院期间,道院有房基地八亩七分多,有赡庙田30亩。他深知创业艰难,申文上海县正堂,于1692年,即康熙三十一年,将庙田情况铭刻在《崇福道院赡田碑记》上,要求后世"徒子法孙"永远守护,不得变卖。陆道长的这一做法对道院保有庙产具有很好的作用,到民国期间,虽然道院几经兴衰,仍拥有庙田40多亩,房基地大致保持不变,这当中不能忽视了陆孝友当年的艰苦创业和刻碑守成的功劳。

**陆天定** 清初崇福道院住持,曾重修崇福道院北边的杨师桥(即杨思桥)。《杨师桥碑记》记载:杨师桥,1510年,即明正德五年重建,于康熙三十四年(1695)崩坏,由崇福道院住持陆天定于1701年,即康熙四十年重建。从这则碑文可知,陆天定住持道院期间,道院的经济状况已经有所改善,不但可以自给,还能够为社区做些修桥补路的慈善事业。

清代中期,崇福道院历代住持和道长,由于缺少文字记载,无法了解当时的情况。民间对清代后期的道士,有所记忆的还有王作霖,他精通道箓;顾烂头,他比较擅长占卜起课和召将请神等法术。

关于顾烂头,三林镇的老人和道院老道长至今仍时常说起。相传他是清代人,但具体是哪个年代的就没人说得清楚了。有人说他是从茅山来的,名叫顾明,擅长占卜、起课、掐诀、召将,法术颇为灵验。有一天顾道士内急,在庙内上茅房,一时闲来无事,用手掐诀,召天神灵官以为消遣。正当他口中默念召神咒之时,"砰"的一声,有金甲天将从天而降,原来是王灵官应召来到。王灵官高喊:"吾神来也,尊官有何差遣?"顾道士本来无事,见天将降临,茫然无措,情急之下随口说道:"给我取手纸来。"王灵官呵斥道:"无知小民,竟敢戏弄本将,念你初犯,姑且饶你一命,但要给你留个教训!"话未说完,只见金光一闪,王灵官手中的黄金铜已打中顾明的额头,然后耸身升天而去。

◎ 道士掐诀做法

  顾道士自从挨了这一铜，头上血流不止。众道士赶忙过来用香灰给他敷上伤口，随后请郎中医治，敷以金疮妙药，但是伤口累月经年就是不见愈合，还经常有蚊蝇飞来吸附叮咬，让他十分烦恼，痛苦不堪。无奈之下，不论春夏秋冬，他头上总是裹着破布，因此众人称他"顾烂头"。时间久了，顾道士的真名被人忘记，这个绰号却为人所记住。此后，他召神将再也不敢不恭，而且他再也不敢召王灵官了。上百年过去了，顾烂头的故事仍在三林百姓当中广为流传。

  顾烂头的故事在原南汇县（今属浦东区）也有流传，不过南汇人说他的原名不是顾明，而是顾源本。南汇县有传说：有人在海上撒网打鱼时，打出来一个石匣，送给了顾烂头。顾烂头打开石匣得到一部道书，他读了这部书后，学会了呼风唤雨之术，精通了掌心雷之法，成为浦东一带的神奇高道。后来他年老体衰，在一个大风大雨之夜腾空飞去，升天成仙了，

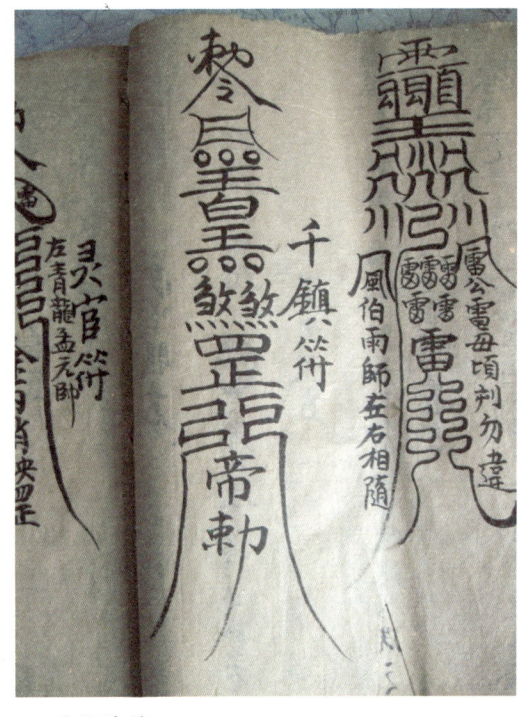

◎ 道教神符

那部神奇的道书也被他带走了。倪绳中的《南汇县竹枝词》写道：

何来石匣海波中，
顾烂头真有术工。
诧说一宵大风雨，
道书道士尽腾空。

诗后的注释说："顾源本，俗称'顾烂头'。海滨人网得石匣，遗顾，顾开，获异书，遂神于术，呵唤风雨、掌心雷都效。殁时大风雨，失异书及一柩。"倪绳中说，顾烂头有个外甥名叫宣如纶，曾到江西龙虎山张真人那里学过道，因而也擅长道法，也能呼风唤雨。舅甥二人相见，除了谈些家常事务，还比试法术高低。有一天，顾烂头来看外甥，看见外甥在麦场晾晒小麦，他就用掐诀作法，召来满天黑云，眼看就要下大雨。宣如纶这时不慌不忙，绕着晒麦场走了三圈。不一会儿，天上下起倾盆大雨，不过大雨都下在麦场的外边了，麦场内一滴雨也没有落下。倪绳中《南汇县竹枝词》又写道：

烂头甥晒麦场盈，偶尔来游斗法刚。
一角黑云天半起，中干外湿若分疆。

倪绳中在注释中说："宣如纶，余家北庄人，顾源本甥，幼谒张真人于紫霄宫，顷刻能致风雨。"在这则舅甥斗法的故事里，二人法术都很高超。

呼风唤雨和掌心雷都是正一派道士的法术，如顾烂头和他的外甥宣如纶都精通这些法术，都算是高道了。

民国期间，三林地区的老道长洪兰卿、朱菊林相继主持崇福道院。直至1949年，道院仍有道士多人，如唐顺昌就曾住在道院。但后来所有道士被遣返本村接受监督改造，有的还在"文革"期间挨过批斗。1987年，道院重新开放，唐顺昌、乔文彬、乔铁纯、姚望章、王彬泉、赵金标、徐舟根、潘涣汀、陆庚辛等年龄在六十到八十岁之间的9位老道长，首先支撑起道院的各种宗教活动。但他们毕竟年事已高，如果后继无人，道院就无法发展下去。1993年11月以后，史孝进、吉宏忠等一批上海道学院毕业的青年道士先后来到崇福道院工作，给道院增添了新的活力，也带来了新的管理思想，从而开辟了道院发展的新天地。

应该说，崇福道院有现在这样空前繁盛的景象，既得益于老一辈道长的含辛茹苦长期创业，也是新一代道长们勇于创新、不断开拓新局面的结果。

# 官绅修庙　名士赞神

在崇福道院的发展历史上，官员、绅士和文化名人起到了重要的推动作用。上海县（特别是三林地区）的官绅名士，积极筹资修庙，重塑神像，刻碑作记，对扩大道院的影响做出了巨大贡献。这些人当中，最需要提及的有奚良辅、曹骧、秦荣光、朱天梵等人。

奚良辅，字德卿，号学山，上海七宝镇人，生卒年月不详。嘉靖十四年（1535年）进士，曾出任四川按察使司副使、工科左给事中。嘉靖三十二年以后，上海县连续多年遭受倭乱，而三林一带并未遭受太大损失，尤其是崇福道院附近一带，受到破坏最小。三林乡民都认为倭寇来自东北，而真武是北方之神，所以倭奴惧怕真武大帝，不敢骚扰道院周边地区。倭乱平息之后，崇福道院的真武大帝显灵护民的传说不胫而走。此时道院已经破败，上海县官绅纷纷捐钱捐物，重修殿堂。奚良辅撰写《崇福道院碑记》以纪其事。在《碑记》中，奚良辅赞扬三林为灵秀之地，真武大帝经常在此显灵：

真武大帝的神光普照到上海，恩惠泽被到三林地区。神仙虽然驾云云游在霄汉，但是常常会光顾于三林，三林更有蓬莱、瀛洲大海所环绕，远远赛过嶙峋的华山、嵩山。三林是灵秀神气融结的地方，是仙真栖息游玩的海滨。

奚良辅在《碑记》中还写道：

我大声地长吼，眼睛直直地瞪着，嘴巴大大地张着，深深感慨这穷乡僻壤，却像那神州大地上帝王的京城那样分享无边无际的福祐，所以玄天上帝降临保佑平安。近来倭寇作乱，危害海边百姓，真武特地滋养一方，保佑安宁。虽然凭借时运兴盛，也是因为真武荡魔的功勋。百姓没有不崇敬喜悦的，士大夫没有不钦佩的。人们小心翼翼地来答谢神恩，都专心致志地表达自己的诚意。

他认为玄天上帝能光临此地，让三林这个"穷乡下邑"，与"神州帝都"一样，获得了大神保佑，从而荣耀一方，获得了这一方人民的钦敬和赞颂。

奚良辅的这篇《碑记》是崇福道院现在保存的最重要的一件文物，也是研究道院历史的重要文献依据。

曹骧（1844—1923），号润甫，上海人。年幼时入外国人所设学校学习中西语言文字。1862年，即同治元年，入英租界工部局担任翻译。1871年，即同治十年，入县庠，他编著的《英字入门》一书，是中国人编著的第一部中英文字典。1883年，即光绪九年，他奉命到川沙、南汇、崇明、宝山等地协商并组织海上渔团事务。次年，任两江总督行辕营务处委员。中法战争爆发后，他设法阻止法军在上海寻找领港员。1886年，即光绪十二年，奉命襄办金陵洋务局，兼办下关稽查局，任同文馆西学教习之职。1893年，即光绪十九年，奉两江总督、台湾巡抚的命令，驻沪探查各国军务。1893年10月20日，李鸿章在杨树浦开办的上海机器织布局失火，却因失火地点在租界外，租界消防站拒绝灭火，也不许织布局用租界内的自来水救火，工厂因而损失惨重。受到这件事的刺激，曹骧等人于1896年，即光绪二十二年在上海筹设内地自来水厂，以供应上海县老城厢居民生活和消防。1909年，即宣统元年，曹骧提议在黄浦江建筑浮桥，以方便两岸交通。辛亥革命后，他还曾任上海教育会委员、上海县议会议员等职务。

曹骧作为上海近代洋务派的重要干将，他精通英文，在中西文化交流

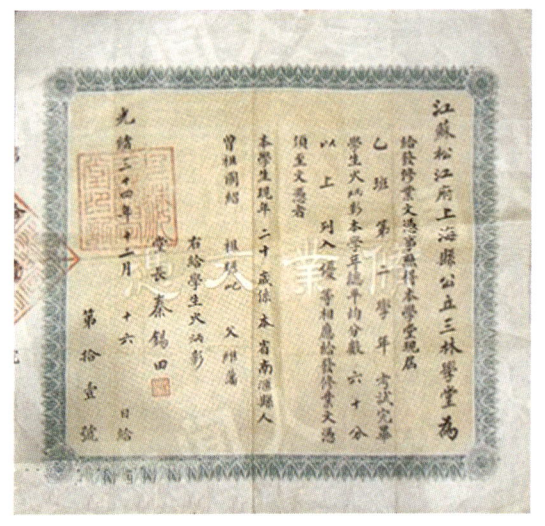

◎ 三林学堂1908年的修业文凭

中起到了一定的作用。中日甲午战争爆发时，他正奉两江总督和台湾巡抚的命令，在上海与外国人周旋，了解各国动向。有一天，他做了一个奇怪的梦，梦见自己来到了杨思桥一带，见有一座庙，进入庙中却没有发现里面的神像。后来他得知这里是"崇福道院"，并了解到当年倭寇不敢骚扰此庙，地方仰赖此庙获得安谧，而今大殿倾圮，神像暴露于外，让神灵遭受寒碜，如此情景，怎么指望神明护国保民！于是，曹骧发起了修庙的倡议，与其他乡绅一起募得款项四千余金，于1896年完成了修庙善举。大殿修成之日，他请地方教育家秦荣光题写楹联，他自己撰写了《重修大殿记略》，详细叙述了修庙的缘起，修庙过程中真武显灵、涨潮运送巨木等情节，为崇福道院增添了新的传奇故事。

秦荣光（1841—1904），字炳如，号月汀，上海县陈行乡（今属上海市闵行区）人。他十七岁时成为候补生员，五十七岁成候补为岁贡，曾任上海县训导。他的长子秦锡田，官拜内阁中书，次子秦锡圭，为五品翰林院庶吉士。秦荣光一生有四十余年从事教育，多次捐献田产，在三林、杨思、陈行等地兴办和资助各类学堂二十多所，让大批农家子弟得到了读书的机会，浦东西南地区的学风为之一振。《三林乡志残稿》中说："光绪时，岁贡生秦荣光，博学能文，董地方公益者四十年，如借谷息，禀免七图，协浚周浦塘，设保节会、保赤局，改义塾为学堂。"所谓"改义塾为学堂"指1896年，即光绪二十二年，秦荣光与三林的汤学钊、杨思的周希濂等地方绅士捐资，在三林镇文昌阁创建三林书院（即今三林中学）。1902年，即光绪二十八年，三林书院又改为三林学堂，秦荣光作为学者，总管学堂的教

学事务。当时清朝还没有颁布学堂章程,秦荣光就自己拟定了经学、史学、地理、算术、英文、法文等课程科目,以顺应新学潮流。第二年他又增设物理、化学、添置教学仪器,还在学堂开辟了操场,练习兵操,并设立了体育部。经过秦荣光的努力,三林学堂成为浦东规模较大、学科齐全的重要学府。一百多年来,三林学堂(三林中学)把三林地区数以万计的青少年培养成才,秦荣光作为主要创建者,可谓功德无量。

秦荣光博学能文,热心地方事务,他的《上海县竹枝词》(四卷)、《梓乡杂录》、《梓乡闻见录》等都记载了地方见闻和

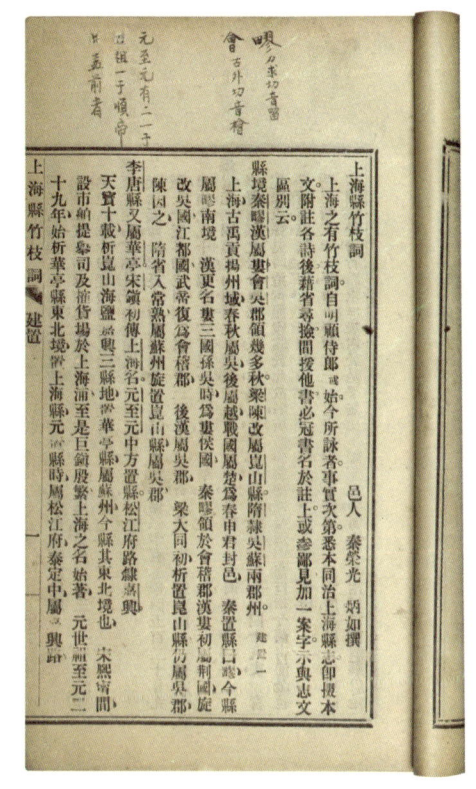

◎ 秦荣光《上海县竹枝词》

历史掌故,对研究上海近代史具有很高的文献价值,一向受到学界的重视。1904年,即光绪三十年,秦荣光在家中病逝,他的门人私下给他的谥号为"温毅",并在陈行镇西园为他铸铜像加以纪念。

秦荣光是一位地方诗人和教育家,他对崇福道院的灵异传说也十分熟悉。1895年曹骧等人重修道院时,圣堂神明再次显灵,在修庙用的巨木运到黄浦江边之际,涨起大潮,将巨木顺杨思港直接送到庙边。次年,在大殿修成时,秦荣光为大殿撰写楹联:

三百年庙貌聿新,海上灵潮,竟运到千章神木。
一再劫兵灾独免,云间福地,弥羡兹四野黎民。

◎ 真武殿两侧依旧悬挂秦荣光题写的对联

这副楹联既概括了崇福道院保佑三林人民的两个传说,将这里称作"云间福地",居住在这里的人民因受到真武大帝的保佑而令人羡慕,同时也对曹骧等人重修庙宇,让古庙焕然一新,予以高度称赞。把历史与现实联系起来,突显真武大帝的灵验,以及对这一方百姓的保佑,是这副对联的特点。它同时也体现了秦荣光一生关注乡土、爱护乡民的炽热情感。

朱天梵(1883—1966),名冲,字天梵,别字汉才,三林镇人。他出身书香门第,天资聪颖,自幼喜好书画,通晓佛教。1903年,即光绪二十九年,二十岁的朱天梵东渡日本后,写信给家乡的教育家秦荣光,阐述各国文明进步有一日千里之势,只有我们中国"昧然不觉,长夜梦梦",希望秦荣光劝说家乡有财力的人家,多将子弟送往日本留学,对国家、对家乡都大有益处。朱天梵在日本期间,与邹容、蒋方震、平海澜等人交游密切。邹容发表《革命军》后,朱天梵著《最近支那之革命运动》一书,与邹容相互呼应,热情宣传民族革命。朱天梵1904年回国,因遭受清朝政府的缉

捕，辗转流亡到新加坡，任中华学堂校长。1908年潜回上海，与江天铎等编辑《大陆报》。辛亥革命后，他先是欢欣鼓舞，随后又觉得民国政府腐败颓唐，大为失望。为谋生计，他先后出任华亭、九江等县地方检察厅书记官，金山、松江县政府科长、秘书等职，后来辞职返回上海居住。1928年以后，他专心从事教育，创办了上海景平女子中学，长期任教上海美专，并在多所学校兼任教职，与朱屺瞻、丰子恺、傅雷等人交往密切，与刘海粟情谊很深，以兄弟相称。在上

◎ 朱天梵照片（1965年摄）

海任教多年，他培养了一批艺术人才，于1940年获民国政府教育部颁发的"服务10年以上大专教师"二等奖。朱天梵热心家乡建设，疏浚三林港、办火政会等事务，他都积极奔走，贡献很大。朱天梵具有崇高的民族气节，日本发动侵华战争后，他焚烧了所藏全部日文书籍，拒绝与日本侵略者有任何来往。抗战胜利后，他家居不出，以书画自娱，而对时事多所感愤，作《刺国大》等诗抒发情怀。上海解放后，他愿为新中国效劳，但因心脏病不时发作而未能如愿。中国画院院长丰子恺曾邀他前往任职，也终未成行。1966年7月8日，因旧病复发辞世。

因受"文革"的影响，朱天梵的书法作品流失多而传世少，他有诗词三千余首，多咏怀之作，以名句"照眼花成国，伤心佛是家"蜚声词苑。他作为多年居住在三林镇的知名艺术家，曾为崇福道院写诗多首，在道院历史上留下一段名人佳话。民国时期，朱天梵与客人一起到崇福道院游玩，看到院内一派败落景象，有感而作《与客过崇福道院》，诗曰：

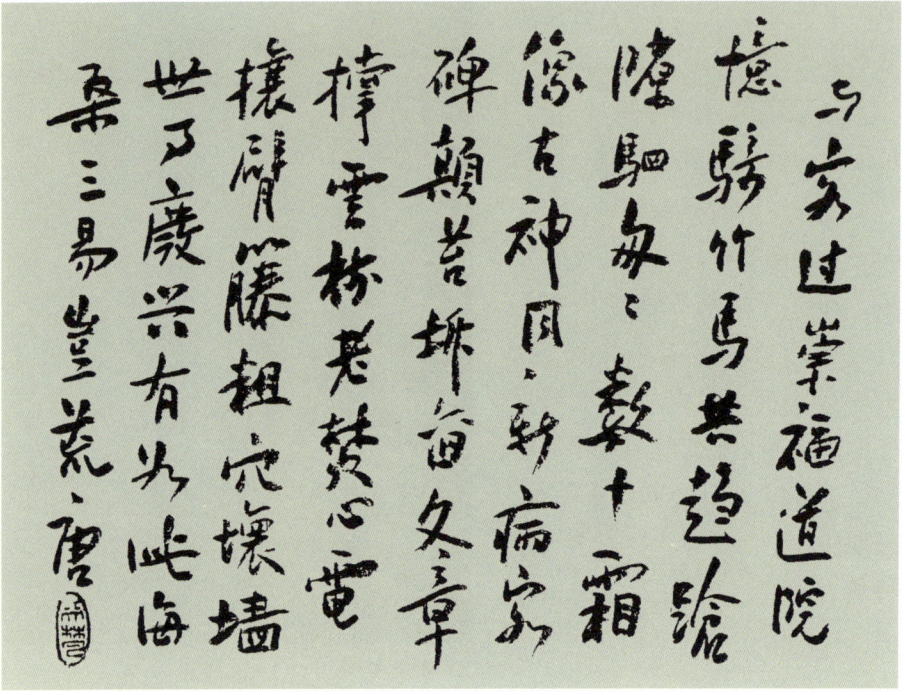

◎ 朱天梵《与客过崇福道院》手稿

忆骑竹马共趋沧，隙驷匆匆数十霜。
像古神同新病客，碑颠苔折旧文章。
撑云树老焚心电，攘臂藤粗穴坏墙。
世事废兴有如此，海桑三易岂荒唐。

　　诗中回忆了作者童年时常游玩的古庙，经过数十年岁月后，大殿内的神像仿佛病人一样无精打采，庙院石碑扑倒在地，长满斑斑青苔，老树参天却因被雷电击中而枯萎，胳膊粗的藤树穿透土墙，一片残垣断壁。作者由此感叹人世间事物的兴衰变化之快，联想到传说中的仙人麻姑三次见到沧海变桑田，现在看起来也不是什么荒唐的事情了。

　　1943年到1944年，三林人任兆铨曾奔走募资，重修圣堂。完工后不久，恰值抗战胜利，朱天梵欣然用魏碑体书写了《重修圣堂碑记》，叙述这次道院重修的起因，并表达了自己对宗教与科学相互关系的看法。应该说，朱天梵的宗教观有其深刻性和探索性。这块石碑原本镶嵌在大殿的墙壁上，可惜在"文革"期间被捣毁。

上海解放后，由于政策上的原因，崇福道院的"三月半"传统庙会渐渐遭到冷落。朱天梵曾在三月望日（农历十五）与刘海粟一起游览道院，相约

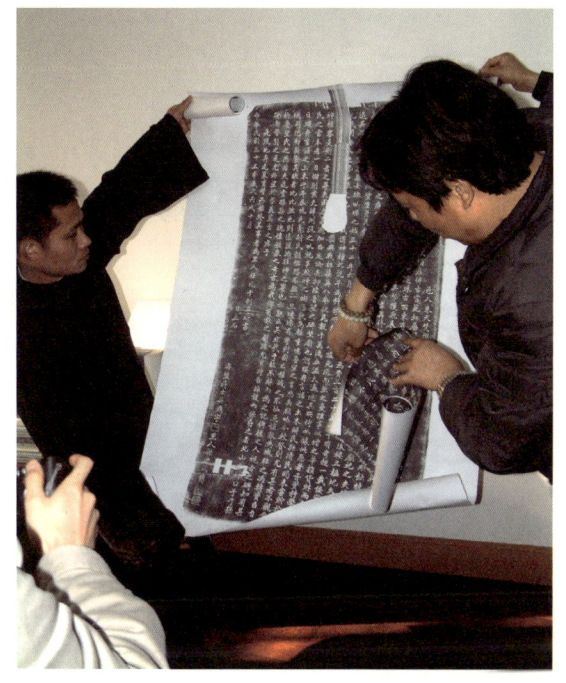

◎ 工作人员在修复朱天梵《重修圣堂碑记》拓片

作画，但看到原来的庙会场地萧条冷清，想到往日的繁华，不禁感慨万千，遂作《三月望日三弟海粟约游崇福道院以方作画不果》，诗曰：

    频年初地沦层劫，无复万人倾国狂。
    闭户莺花惊渐老，当头日月看重光。
    韶华历历追游钓，大路辚辚笑怒螳。
    摸石踏青虚一度，名山四壁且翱翔。

这首诗没有落款日期，当作于1950年代中后期。此时道院尚在，还没有被农民用作牲口圈，也没有工厂车间。诗人在"三月半"庙会当天，看到这个曾经"万人倾国狂"的地方，在频遭劫难之后，如今庙院空空，日月荏苒，春光流逝。他与刘海粟在这里空走一遭，抚摸碑石，忽然看到大

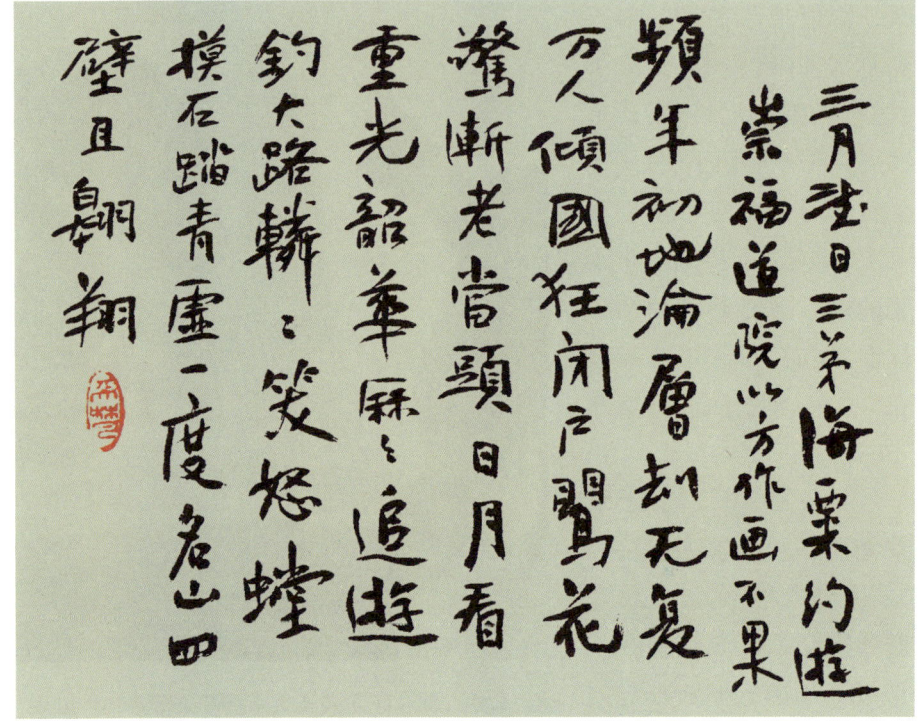

◎ 朱天梵《三月望日三弟海粟约游崇福道院以方作画不果》手稿

殿四壁上残留的壁画,就驰骋想象,暂且做一次名山洞府的精神翱翔。

朱天梵晚年因病没有离开家乡,无法效力于国家,从而实现自己的人生价值,这是他的不幸。但他的晚年岁月较多关注家乡,崇福道院也得到了他的关注,并用诗歌把正在遭受冷落的道院状况描写出来,为后人留下一些难得的文献资料。

朱士充(1921— ),朱天梵的儿子,自幼爱好书法诗文,受到家庭文化的熏陶和父亲的指导,加上自己的刻苦钻研,在书法诗文等方面造诣颇深。他长期生活在三林镇,在中学任教,对三林的历史掌故和风土人情都非常熟悉。退休后曾任《上海县志》编辑。1980年,朱士充年已六旬,看到改作工厂的崇福道院,神像不在,羽士无踪,回忆起幼年时亲身经历"三月半"庙会的盛况,写下了《忆童趣竹枝词》八首:

◎ 朱士充

岁岁节场三月半，蛰蛰商贩八方来。
圣堂香火腾云雾，五里喧传郁闷雷。

崔巍神殿矗飞甍，真武金身不怒威。
卅六天君三面护，善男信女拜前帏。

十亩青苗乱足踩，土松如麕踏轻柔。
汗挥上下难移手，踵接肩摩攒万头。

人潮涌动步难留，去去来来不自由。
待到旋回停顿处，周遭无数小摊头。

犁耙家具垒堆高，不取轻灵取固牢。
田父村姑争论价，荷归肩重肯辞劳。

糖山楂与醉田螺，食客往来如织梭。
更有蛋糕江北式，焦甜香味引涎多。

杂陈百戏逗孩童，马术惊心跃半空。
穆满谈朝齐鼓噪，西洋镜看乐无穷。

全场历遍亟思休，楚去东西两路游。
海会寺中随喜坐，郭家园里憩清幽。

这八首竹枝词生动细致地描写了当年圣堂庙会的热闹场面。那时，来自四面八方的商贩都聚集在庙院附近的空地上，场地不够用，就把摊位摆到青苗田里。前来赶会的主要是附近村庄的农民，商贩出售的也多是农具，所以有"犁耙家具垒堆高"的景象。当然，庙会上也有"糖山楂与醉田螺"等各种小吃，还有各种戏曲、马术表演、西洋镜看景等娱乐活动。参加完了圣堂庙会，往东可以到海会寺坐一坐，往西可以到幽静的郭家园小憩。可以说，朱士充的八首《忆童趣竹枝词》，对当年的圣堂"三月半庙会"做了一个全景式的回顾与描绘。

## 两块碑铭 见证兴荣

崇福道院保存的文物当中,最有文献价值的当数现在竖立在真武殿门前的龟蛇二碑,分别为1558年,即明嘉靖三十八年的《崇福道院碑记》和1692年,即清康熙三十一年的《崇福道院赡田碑记》。这两块石碑对于崇福道院的历史,乃至于对三林镇的历史,都具有很高的文献价值。

奚良辅撰写的《崇福道院碑记》,见证了崇福道院从一个乡村道观上升

◎ 真武殿前的两块石碑

◎ 真武殿前的石碑

为颇受官吏士绅重视的地方知名道院的历史转折。虽然这块石碑历经劫难,多次扑倒在地,也曾被埋没在泥土之下,难得的是,上面的字迹仍历历可辨,文字基本上可以通读。

《崇福道院碑记》共一千四百多字,采用赋体的写法,赞美真武大帝显圣保佑三林人民的功德。全文分为四个部分。第一部分叙述并赞美真武大帝的辉煌历史和武备之功;第二部分叙述真武驻跸三林,并保佑三林人民,获得了三林人民的敬仰;第三部分祈愿真武大帝永远保佑上海县和三林镇人民;第四部分是立碑时间、碑文撰写者、书写者,以及参与修庙人士和道士的名单。这块石碑解放后被砌在墙基,因而躲过了"文革"的破坏,现在它竖立在道院内的真武殿左侧,为了免遭风雨侵蚀和意外损坏,现在道院为它加上了一层玻璃罩,打印的碑文贴在碑面上,方便人们阅读。

1692年,即康熙三十一年,崇福道院主持道士陆孝友申报上海县正堂,并得到县正堂梁某行文准许镌刻的《崇福道院赡田碑记》,把道院的房基、田产在碑刻上罗列出来,加以确认,并告诫后世"徒子法孙"不得变卖。这块石碑虽然断裂,但拼合起来基本完整,文字也大致可以通读。

《崇福道院赡田碑记》共七百多字,主要内容可以分为三个部分:第一部分是崇福道院住持道士陆孝友给上海县正堂梁某的申请文书,简单回顾了道院的历史和上代师祖创业的艰难,现有土地30亩,供道众日常生活之需,希望县衙"准赐勒石",以便后世保全道院基业;第二部分从"前来据此"开始,是上海县衙准予勒石的批文,文中赞扬陆孝友"道行可嘉",并确认所有赡田为道院递世相传的产业,并告诫后世道士,"务要及时播种,毋失农时,先完赋税,使免追呼;次作常住日用之需,亦宜干茹澹泊,不得视为十方应食之物,以资浪费",如果将来有人胆敢变卖道院田产,众人都可以"鸣鼓共攻",并禀报县衙追究惩处,然后将他逐出道门;第三部分详细描述了道院房基地、田产的位置、面积等,以便于后人经营管理。此石碑现在竖立在道院真武殿右侧。

这块《崇福道院赡田碑记》对于维持道院的长期发展具有重要意义。当然,它也是今天我们研究道院历史的重要文献依据。

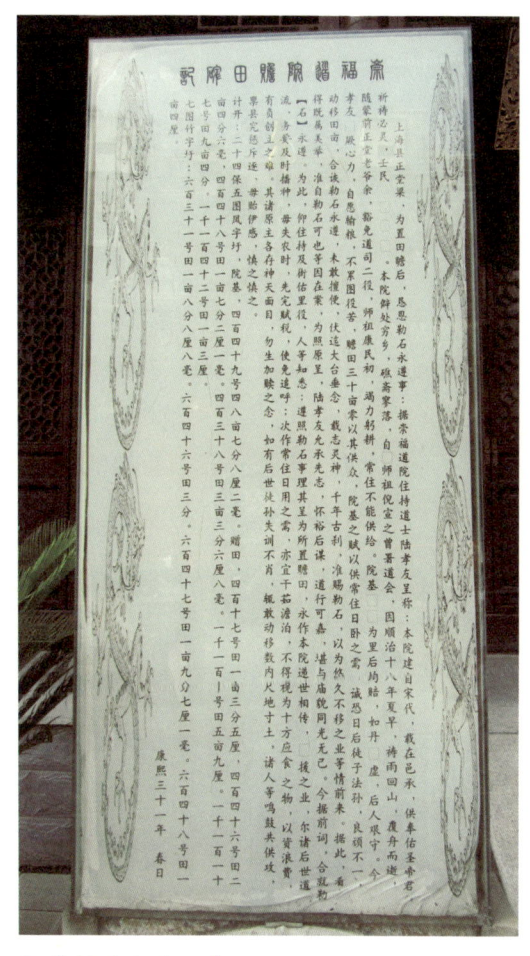
◎ 崇福道院赡田碑记

道院的其他石碑,如《灵笤碑记》,原本放置在真武殿西壁,现在已经不知去向了。还有更多的功德碑、记事碑,连名目都没有留下,被捣毁或掩埋在地下了。

# 重修记略　护国宏愿

崇福道院多次重修，光绪二十二年（1896年）也是比较重要的一次。这次修庙活动的起因、过程、神异传说，都由发起者曹骧记载在《重修大殿记略》一文中。这篇文字虽然不见于碑石，也无拓本，仅见于《三林乡志残稿》第六卷，却是一篇很重要的道院历史文献。《重修大殿记略》全文四百六十余字，保存完整。

曹骧的《重修大殿记略》全文可分两部分：第一部分介绍修庙的缘起，实际上就是曹骧在光绪二十年做的一个怪梦，他梦见杨思桥南有一座神庙，进入庙内却看不到神像，后来得知此庙神是真武大帝，倭寇当年不敢冒犯，而今日本人又挑起甲午战争，他认为应该修葺神庙"以遏敌氛"。第二部分写修庙的过程，即光绪二十一年春，中日"和议成"（实际上是中国战败，以割地赔款为条件乞和），曹骧募集四千银元，于十月初二动工，前一日买来木头八百株，因杨思

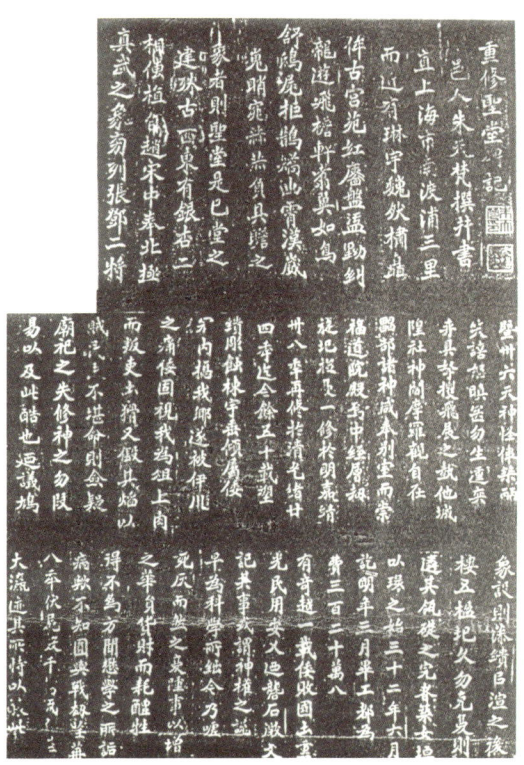

◎ 朱天梵《重修崇福道院碑记》（局部）

港久淤不通，无法水运，准备雇人搬运，此时真武再度显灵，涨起数尺潮水，将巨木顺流运送到道院附近。文末还引用秦荣光撰写的楹联佐证这一神奇传说。

从这篇《记略》可以看到，此次维修的主要是大殿，也整修了其他部分。曹骧之所以在中日甲午战争爆发之际产生修庙的念头，是因为他相信此庙供奉的真武大帝有遏制倭兵、护佑中华的神能。

民国时期，日伪占据三林镇，多次祸害乡里，人民苦不堪言。1943年，乡民任兆铨募集资金，再次修缮崇福道院，并于翌年完工。抗战胜利的第二年（1946年），三林名士朱天梵作《重修圣堂碑记》，记载这次修庙过程。这篇碑记全文八百多字，用魏碑体书写而成，碑石嵌于大殿墙壁上。解放后庙院被占用，"文革"期间庙内的宗教设施全部被捣毁，此石碑也下落不明。直至2004年，有人发现了《重修圣堂碑记》的拓本一份，文字清晰，可以通读。

这篇《重修圣堂碑记》全文可分为三部分：第一部分描述圣堂的位置、历史、庙貌、神像等，以及重修前"塑绘润蚀，栋宇垂倾"的状况；第二部分叙说日伪占领三林，汉奸横行，残害百姓，人们怀疑是道院失修、真武神不再保佑此地人民的缘故，于是有人倡议集资修庙；第三部分作者阐述了自己对科学与宗教的看法，他认为在刚刚结束的八年抗战中，数千万人被杀，都是科学而不是宗教造成的，所以宗教与科学孰是孰非，二者的长短得失，现在还不能得出定论。从碑记的叙述可以看出，这次修庙又跟真武大帝能够抵制倭寇的信仰有关。

崇福道院的四件重要文献，其中的三件，即奚良辅的《崇福道院碑记》，曹骧的《重修大殿记略》，朱天梵的《重修圣堂碑记》，都跟抵御倭寇（或日军）有关。崇福道院历史上的三次重要修葺，都跟真武大帝能够遏制倭寇的信仰和传说紧密相连，这是崇福道院神灵信仰传统的有机组成部分。当然，这是崇福道院光荣的爱国主义传统，但从发生的背景来看，这又是中国人民遭受日本侵略和压迫的悲惨、屈辱的血泪史。

# 八幅绢画 显现特色

在 1987 年崇福道院恢复开放后的几年里,当时的老道长做法事,还经常把他们收藏的几幅绢画挂在道坛旁边,渲染道场的宗教气氛。这些绢画有图可查的总共有 8 幅,其中 4 幅曾在《上海道教》的封面上刊登过,另外 4 幅的照片刊载于别的书中。这些绢画的年代,据老道长说都是从师父那里传下来的,他们的师父从哪里得来,是否也是从师父那里传下来的,就无法知晓了,所以具体的年代已经无法确定了。不过,根据绢画的内容和陈旧程度推断,这些绢画很可能是清代中晚期的作品。这些艺术品已经收藏并保存在崇福道院,是道院珍贵的文物。

首先介绍一下《上海道教》刊载过的那 4 幅绢画,它们都是道士召将

◎ 清代绢画 王灵官

◎ 清代绢画 殷元帅

◎ 清代绢画 马灵官

◎ 清代绢画 赵元帅

请神图,其构图特点,下面是作法的老道,上面是从天而降的神将。

第一幅绢画刊登在《上海道教》1992年第1期封面上,画面的下部是一位身穿青色道袍的老道长,长须飘飘,双目炯炯有神,微微仰面向天,口中似乎在念着咒语,右手还拿一把芭蕉扇(表明他擅长烧炉炼丹);画面上部是正在从天而降的王灵官,他身穿红袍,赭红胡须,三只眼睛怒目圆睁,右手举起铁鞭,双脚蹬着铁轮,轮子下云团簇拥,表示他在得到法师的召请之后,驾着云头从很远的地方赶过来。他手执铁锏,作出要扑打的样子,显示道教灵官的威武和刚烈。崇福道院的道士经常请王灵官降坛,前边介绍顾烂头的传说,顾烂头上厕所时还在召请王灵官,但他对天神的不敬,立即遭到了王灵官的惩罚。关于这幅绢画,刘仲宇教授在《中国精怪文化》的彩页中也有介绍,他说:道士派遣捉妖的神将王灵官,人们寻找着精怪的克星,王灵官正好充当了降妖的明星。确实如此,在明清时期的道教仪式上,王灵官是经常被召请的神将,民间也有很多王灵官显灵的传说。

第二幅绢画连续刊登在《上海道教》1992年第2、第3、第4期和1993年第1期的封面上,画面的下部,道士道袍飘逸,双手掐诀,口中念

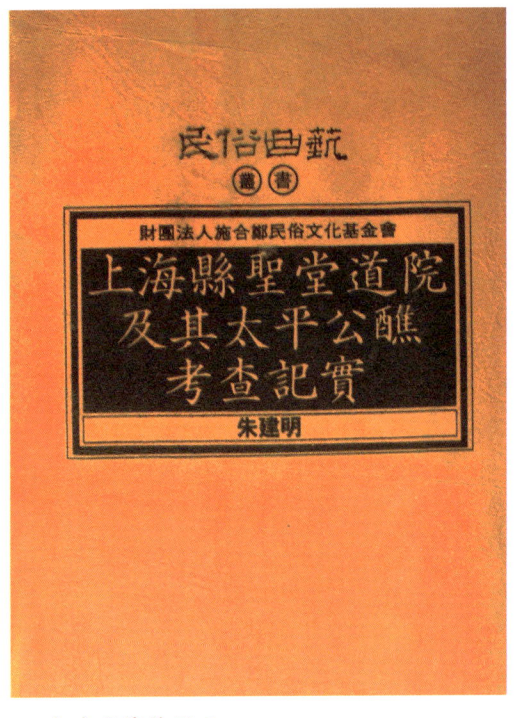

◎ 朱建明著作封面

咒。这次召来的是殷元帅殷郊,他还是一张孩子脸庞,留着孩子的发式,他的脖子下面却挂着骷髅项链,手拿长柄大斧,脚踏祥云,衣带飘飘,显然是应召而来,正在从天而降。殷郊在传说中是殷纣王的儿子,宋元以后他转变为太岁神,脖子下边戴的骷髅项链显示他作为太岁神的凶相。在《封神演义》当中,殷郊是殷纣王的太子,遭到父亲的迫害和诛杀,在法场上被神仙广成子救走,带到九仙山桃园洞修炼。后来广成子让他下山帮助姜子牙抵抗殷纣王,他却背叛了师门,反过来攻打姜子牙,最后被姜子牙抓获,在岐山接受犁锄之刑。不过,在道教天霄派雷法中,太岁神殷郊经常被召请,称作殷元帅。这幅绢画就是道士想象中的殷郊应召降坛的情景。

第三幅绢画刊登在《上海道教》1993年第2期的封面上,画面下部是躬身作法的老道长,仰面向上,从天而降的是长着三只眼睛的马灵官,他肩扛画戟,脚踏祥云,似乎正在向老道长询问情况。马灵官在民间传说中也是很厉害的神将,民间所说的"马王爷三只眼",这个马王爷就指的是马灵官。在明代小说《南游记》中,他被描写成西方灵山如来佛跟前一盏油灯结的灯花,因为长时间听如来佛讲经,得了灵性而幻化成神,所以他也是一位火神。在很多正一派道观的灵官殿里,经常可以找到马灵官的塑像。

第四幅绢画连续刊登在《上海道教》1993年第3、第4期和1994年第1、第2、第3、第4期的封面上,画面的下半是一位老道长在道坛作法,上边

◎ 道院内珍藏的经籍抄本

是从天而降的赵元帅（赵公明），他一身武将装束，右手执铁鞭，踏着云头作下降之态。赵公明现在是众所周知的财神，不过在明代和清代早期，他在道教内的身份还不是财神，而是一位神将，经常应召降坛，守护法场，驱逐邪神。

另外，20年前，上海的朱建明先生曾在崇福道院做调查研究，完成了《上海县圣堂道院及其太平醮考察纪实》一书。这本书的插页部分，他介绍的崇福道院保存的几件所谓"帐幔"，其实就是上文所说的绢画，不过《上海道教》并没有刊登这些绢画。这本书提供了绢画照片，并做了简要介绍。这些绢画是张天师、玄天上帝与张天师（使者）、太乙真人、酆都大帝等4幅画像。由于照片都是黑白的，下面我们简单介绍一下画面的基本情况。

张天师画像呈半蹲半立姿态，双目圆睁，炯炯有光，双手半抱半伸，两脚踏罡步斗，似乎正在作法召请神将，又似乎正在呵斥妖鬼。张天师作

◎ 道院珍藏的道袍

为正一派的象征性人物，他的符箓斋醮之术和驱鬼捉妖本领都是正一派道士的典范，崇福道院属于正一派道观，因而，这幅绢画有认祖归宗的意味，表明了崇福道院的道统渊源。

玄天上帝与张天师这幅画，玄天上帝赤脚而坐，左脚踏龟，右脚踏蛇，身穿黑衣，腰缠玉带，左手捋须，面容慈祥，这是明代以来比较流行的真武大帝画像。真武身后是手持使者符节的张天师，他的面目多须，头顶束发髻，紧挨真武大帝身后站立。真武大帝是崇福道院的主神，张天师是道院的祖师，以祖师侍奉主神，体现的道院的历史内涵和神仙信仰的基本特点。

太乙真人画像线条简洁，没有花草树木的背景，也没有道坛法器。太乙真人（即太乙天尊）的姿势是拢衣而坐，他的左侧写有"乾元山"三字，右侧写有"金光洞"三字，头顶上方写有"青元上帝"四字。青元上帝即

"青玄上帝",全称"青玄九阳上帝",是太乙真人的别名。道士在做水火炼度、破九幽地狱的时候,都会请太乙真人降临。道教有《太上青玄慈悲太乙救苦天尊宝忏》,在超度亡灵时使用。崇福道院的手抄本经文,也是在追荐死者的法事活动中常念的经文,有《太乙救苦天尊说拔罪酆都血湖妙经》、《太乙救苦法忏》两部,念这两部经文时,太乙天尊是道坛主神。当然,其他的炼度法事也要请太乙真人降临。值得注意的是,太乙真人左右两侧所写的"乾元山"、"金光洞",并不是道教的仙山洞府,而是《封神演义》中描写的太乙真人隐居修炼的地方。可以看出,清代正一派道教受到通俗小说的影响,在神仙画像上都带上了小说描写的痕迹。

◎ 民国铸造的铁钟

酆都大帝画像也是坐姿,头戴帝王冠冕,双手持笏板,面目黝黑,两眼圆睁,神情肃穆。在追荐亡人的法事中,酆都大帝也是需要临坛的主要神灵之一。

从上述8幅绢画中可以看出,这些宗教艺术品,也是道院的珍贵文物,与道院的历史和科仪活动的特点是紧密结合在一起的。首先,这些绢画在斋醮活动中悬挂在道坛,显示了道院的正一派身份,特别是悬挂张天师的画像,其认祖归宗的喻义是很明显的。其次,这些绢画把张天师画成真武大帝的使者,体现了道院以真武为主神的信仰特点,同时也给张天师沟通天神的使者的崇高地位,贴切地表现了崇福道院的宗教传统。第三,这些绢画有4幅的内容是道士召请神将,这是正一派注重符箓、斋醮、炼度、

驱邪等科仪活动特点的体现,也与其他文献中记载的崇福道院的科仪活动是相吻合的。

这些绢画,跟道院的碑刻一样,都深刻地体现了崇福道院宗教活动的特点,所以它们是道院历史的见证者,也是十分珍贵的文物。

另外,崇福道院里还有一口铁钟,是民国十九年铸造的。铁钟的正中间铸有"圣堂道院"四个大字,下方刻有二龙戏珠图案,两侧还铸有"风调雨顺,道法自然,国泰民安,德育天地"十六个小字。这口钟现在悬挂在三清殿前的铁架上。

# 玄天上帝显灵光

对于明代嘉靖以前崇福道院的建筑布局，如今已经无法得知了。1559年，即嘉靖三十八年重修后，道院是四道进深，门道供奉土地神，二埭东厅为城隍殿，西厅为鲁班殿，三埭供奉玄天上帝（即真武大帝），四埭为三官楼。这样的庙院格局到清代已有所改变，曹骧修庙时，三官楼已经倒塌，真武殿前的两廊出现了阎王殿，供奉着十殿阎王。民国年间任兆铨再次重修道院时，道院改为三埭进深：门埭为灵官殿；中埭东厅为城隍殿，西厅为鲁班殿；三埭仍供奉玄天大帝，殿前的两廊仍供奉十殿阎王，殿后的五间灵官楼因为倒塌已久，就选用比较完好的砖石砌成了道院的后墙。

# 总格局：崇福道院说变迁

1987年，崇福道院在原址上重新建成开放时，道院仍是坐北朝南的格局，正门开在南北中轴线上，但殿堂的设置相比民国时期又有较大变化。道院有前院墙，正中间就是山门。走入山门，过了前天井就是灵官殿。灵官殿门外两楹有对联：

> 始建汉代，立圣宋代，御命古刹圣堂；
> 重建明代，持祖清代，赐额崇福道院。

灵官殿正中塑王灵官，他的背后是赵公明，他的两侧是关圣帝、水府三王爷、文昌帝君、宁海侯刘某、城隍神、上天王刘猛将等。走出灵官殿北门进入中天井，竖有两块石碑，即嘉靖年间奚良辅镌刻的崇福道院碑和康熙年间陆孝友镌刻的赡田碑。两方石碑竖立在居中的慈航殿前，慈航殿东侧是上天王殿，西侧是东岳殿。慈航殿内正中塑观音神像，左侧是清河夫人、水部正神、地祇元君、眼母正神，右侧是斗姆、财神。上天王殿塑上天王刘猛将，还有吕纯阳（即吕洞宾）、施相公夫妇。东岳殿的正中塑东岳圣帝，还有岳武穆、龙王、昭天侯等神像。走出慈航殿北门是后天井，三道正中是真武殿，东侧是功德堂，西侧是三清殿。真武殿中间是玄天上帝神像，左右两侧是六十甲子神。三清殿正中塑上清、玉清、太清三位道教最高神，摆放有三十六位天神的供奉文疏。功德堂是给做亡人做追荐法事的地方，正中是斋主摆放名字、照片、文疏的供台，两侧是斋主的往生牌位。除了分布在中轴线上的这三进主体殿堂之外，在后天井东侧还有寿星堂，供奉寿星和蛇王；西侧则有娘娘殿，供奉慈航道人。其他宗教性建

◎ 道院恢复开放20周年庆典宣传画

筑还有古钟亭、香炉等,非宗教性建筑则有办公室、香客接待处、香烛出售处、仓库、储藏室、膳房、宿舍、小卖部、厕所等。道院除了开有南门(山门)之外,还在西侧开有中门和北门。当时道院共有房屋40间,都是平房或小瓦房,没有楼房。

　　现在,经过十几年的改建后,虽然崇福道的主体建筑仍沿南北中轴线分为三进,但布局上与1987年有了较大不同。道院的前院墙因为道路拓宽而拆除,灵官殿南门作为山门,灵官殿也就成了山门殿,二进为真武殿,三进是三清殿(二层);两侧还有钟楼(二层)、讲经堂、文昌殿(二层)、观音殿(二层)等,另外还有素斋堂、香烛店、办公室、文化活动室等附属建筑。不仅建筑布局变化较大,各殿堂的神像布局也有很大变化。灵官殿正中的神龛里塑的是红胡须、三只眼睛的王灵官,他手举钢鞭,怒目威严。神龛两边有对联:"三眼能观天下事,一鞭惊醒世间人。"王灵官的背面是财神赵公明。灵官殿的两侧是马元帅、温琼元帅、赵元帅、岳元帅等四大元帅,他们是道教的护法神,也是道教宫观里守护山门的"四大灵官"。后排左侧塑玉府大神、上天王之父母,后排右侧塑吴老先锋、宁海侯、上天王。崇福道院是道教庙宇,主要神仙是道教的,不过一些地方性的神明在这里也有一席之地。

出灵官殿北门是前天井,中间摆放一个三米多高的铁铸宝鼎状香炉,还有两个两米多高的铁铸长方形亭子状香烛焚化炉。两个石碑的位置没变,只是原来狭小的慈航殿、东岳殿、天王殿,早已改作高大宽敞、飞檐翘角的真武殿。真武殿门外两槛是1896年秦荣光题写的那副著名的对联:

三百年庙貌聿新,海上灵潮,竟运到千章神木;
一再劫兵灾独免,云间福地,弥羡兹四野黎民。

◎ 薛明德老道长为灵官殿"四大元帅"开光

◎ 道院内的香烛铁炉

而大殿左右两柱对联则是：

进香投诚礼至尊，倾吐心愿祈感应；
虔诚恳祷拜神圣，愿保福寿永康宁。

大殿正中是2011年10月27日（农历十月初一）开光的高三米多的镀金真武大帝坐像，左右是手捧文书和印玺的两位侍从。神像正上方的镀金大字是"佑圣真武灵应真君"，还有"录善罚恶，消灾降福"八个金字。真武神像背后是一幅《武当胜景》壁画，两侧有一副对联：

宝殿庄严镇四方；
神圣威力保黎民。

◎ 真武殿前的香炉

跟灵官殿一样,真武殿也供奉了多位神明。真武神像的左侧是眼目娘娘、文财神、蛇王、南海观音、天官赐福紫微大帝、地官赦罪青灵君、水官解厄旸谷帝君、北赵老爷夫人、北赵老爷等九神,右侧是白衣观音、施相公、散花观音、东岳天齐仁圣帝、佑圣真君玄天上帝、刘猛将之子及其妻、龙王、欧寿王、龙王之子等十神。很有意思的现象是,那些很受崇拜的神明,神像是一再出现的,而且他的父母、妻子、儿子也会出现在神殿中。真武殿是道院举行重要法事活动的主要场所。

走出真武殿的后门,转身,便可以看到后门上也有一副对联:

做个好人,心正身安魂梦稳;
行些善事,天知地鉴鬼神钦。

后天井里也有一个高三米多的铁铸宝鼎状香炉,两个两米多高的铁铸长方形亭子状香烛焚化炉。

三清殿是2003年建成的,高十八米的二层神殿,也是道院最高的建筑。这座神殿赭红墙壁,青黑小瓦,重檐飞角,高高耸立。三清殿门口两侧的对联是:

玉阁巍巍，光照千山四境；
皇恩荡荡，德涵万民群生。

走进三清殿，一楼大厅的左右梁柱上有一副对联：

巍峨咫尺天，执掌阴阳生万物；
浩荡神灵地，观看善恶易分明。

一楼大厅正中神龛内是昊天金阙玉皇大帝神像，左右是吕纯阳祖师和城隍大神。左侧神龛内是上天王刘猛将、玉府二太；右侧神龛则是刘猛将太太、杨相公大神（即杨泗将军）。

◎ 真武塑像背后是"武当胜景"壁画

右侧一室张挂头戴帝王冠冕、手执笏版的东岳大帝画像；左侧则是法物流通处。三清殿的一楼大厅也是很多道教清醮科仪举行的地方。

走上三清殿的二楼，大厅的两柱上有一幅对联：

开物神圣初，九室赤城黄帝录；
无名天地始，三清金阙玉皇师。

二楼大厅正中神龛内是道教三位最高神玉清元始天尊、上清灵宝天尊、太清道德天尊的镀金塑像。

◎ 真武殿后门对联

◎ 三清殿

左右两神龛内则是在道教中地位仅次于三清的"四御"：玉皇大帝、北极紫微大帝、勾陈上宫天皇大帝、后土皇地祇。两厢的神龛内分别是六十甲子（太岁神）、斗姆天尊神像。二楼大厅宽敞空旷，为了渲染道教气氛，在左右都绘制了壁画。左侧的壁画是《八仙过海》，铁拐李、汉钟离、吕洞宾、张果老、曹国舅、韩湘子、蓝采和、何仙姑等八位仙人正在波涛汹涌的大海上，各自使用自己的法宝渡海。右侧是《元始天尊讲道》图，画面的中央是高坐莲花台上的元始天尊，旁边侍立、跪拜或打坐听讲的则是各路仙官，画面的背景是缥缈的祥云。在房梁之间也有壁画，左侧是《华夏三教》图，居中的是佛教的释迦牟尼，左侧是道教三清以及关圣帝君等，右侧则是孔子和身着官服的儒家弟子。右梁柱间是《崆峒问道》图，画面上坐在洞中的是广成子，黄帝躬身下拜，正在向他虚心问道。

《崆峒问道》的故事来自葛洪的《神仙传》，主要情节是：广成子在崆峒山修道，黄帝前去拜访，问他修道最要紧的是什么。广成子批评黄帝不能以清静无为治理天下，拒绝回答他的问题。黄帝回国之后，闲居斋戒了三个月，再次前来请教，用膝盖跪行到广成子跟前。广成子当时正在面朝里睡觉，这次听说黄帝来了，就赶快坐起来，谦逊地告诉黄帝修身养性要清静无为、抱神守一的养生方法。黄帝按照这个方法修道，后来果然得道成仙。这个故事跟《八仙过海》一样，也是著名的道教仙话。

◎ 三清殿壁画《八仙过海》

除了这三个分布在南北中轴线上的殿堂之外，前天井东侧还有文昌殿，神龛居中的是文昌帝君，两侧是关圣帝君和土地神。后天井东侧是观音殿，一楼的神龛正中是千手观音，两侧是关圣帝君和观音；二楼神龛正中是送子观音，两侧是天妃娘娘和地母娘娘。另外，在灵官殿东侧是钟楼，西侧是讲经堂。讲经堂是道院内的道长举行讲经活动和受邀而来的学者做文化讲座的地方。

崇福道院每个殿堂供奉的主神都是道教大神，这一点是很明确的。由于道院跟本地的民间信仰关系密切，有些神像是当地信众为了还愿而雕塑的，有些是某位信士为了表达对某个神的崇拜而献给道院的，还有群众将其他地方被拆除的民间小庙中的神像抬到道院里来的，有些神像旁边还写有供奉这位尊神的信士的名字。一般来说，道长都会顺应信众的愿望，将这些神像摆进神龛里供奉。于是，那些流传着很多显灵故事的神仙，也是在当地信奉很多、很虔诚的神仙，往往会有多个神像，甚至连带他们的家属也被摆进神龛里。上天王刘猛将在灵官殿有宁海侯、上天王两个神像，灵官殿还有他父母的神像，在真武殿有他和他妻子、儿子的神像，在三清殿也有他和他妻子的神像。观音在崇福道院有白衣观音、散花观音、南海

◎ 三清殿壁画《元始天尊讲道图》

观音、送子观音、千手观音等名目，总共也出现了6次。施相公（蛇王）在灵官殿也出现了两次，赵公明在灵官殿出现两次。吴老先锋和玉府大神都属于江南地区十分信奉的金元总管，在灵官殿出现两次，玉府夫人在三清殿（一层）也出现了1次。现在随着神殿改建工作的完成，这些神仙的位置也基本稳定下来，不过仍然在发生一些局部的调整，将来还会有新的变化。这些民间信仰的神灵与道教神仙供奉在同一个大殿，让崇福道院变成了名副其实的"万神殿"。

总体而言，现在崇福道院殿堂巍峨，金碧辉煌，所有神像也都完成了涂金装饰，神貌端庄，仪态威严，一年到头各种宗教文化活动不断。曾经荒废的道院，在新的形势下迎来了属于自己的春天。

# 灵官殿：灵官元帅守山门

在灵官殿镇守山门的主神是王灵官，两厢还有马天君、温琼、岳飞、赵公明四位灵官。他们都是道教神将，也都以"元帅"相称。这些威武的神将各有自己的传奇故事。

### ◎ 都天纠察王灵官

一般来说，进入道观的灵官殿，正中供奉着赤面髯须、身披金甲红袍、左手持风火轮、右手举钢鞭的三眼神将，他就是王灵官。他的形象极其威猛，是明代兴起的一位护法神将。《明史·礼志四》介绍了王灵官的来历：王灵官曾随从萨真人学习符法，后出师。1403年至1424年，即永乐年间，因道士周思得善于传授王灵官符法，就在北京的紫禁城西侧建立天将庙。1426年至1435年，即宣德年间，改天将庙为大德观，庙内供奉萨真人和王灵官，他们的名号分别是崇恩真君、隆恩真君。

据《列仙全传》说：王灵官原

◎ 王灵官塑像

◎ 王灵官画像

名叫王善，本是湘阴的城隍神，萨真人云游到湘阴，投宿在城隍庙。几天后，湘阴太守梦见王善提出要求，要他将萨真人打发走，原因是萨真人住在城隍庙，王善感到很不安宁。第二天，太守就带人到城隍庙中把萨真人撵走了。萨真人十分恼怒，走不多远，看见有人抬着一头猪到城隍庙还愿，他拿出一把香给还愿的人，求人家代他烧一炷香，这人还愿后就帮他烧香，不料香一点着，突然一阵雷火从天而降，把城隍庙烧了个精光。

三年后，萨真人渡河，见没有人撑船，就自己摇船过河。摆渡过河后，他在船上放了三文钱当船费。当他在河边洗手时，看到水中站立一个神将，"铁冠红袍，手执玉斧"。萨真人喝道："你是什么东西，快快现形！"水中神将回答："我是王善，就是当年的湘阴城隍神。当年你无缘无故烧掉了我的城隍庙，让我无处安身，我就到玉帝那里去告状，玉帝赐给我这把玉斧，让我跟随着你，看到你违犯天律的时候，就用这把玉斧把你斩了。我跟了你三年，没有发现你有违犯天律的地方，现在连自己摇船摆渡过河，你也付三文钱，你做事真是滴水不漏啊，看来我永远都不会有报仇的机会了！我愿意做你的部将，听从你的号令。"萨真人就上报玉帝，将王善召为部将。每当遇到有人向他祈祷，

王灵官立即就会显示报应,从来没有落空过。

《三教源流搜神大全》也讲一个故事:王善是湘阴县浮梁的邪神,当地人要用童男童女祭祀他。萨真人来到这里,放火烧了他的庙。十二年后,萨真人来到兴龙府,在江边洗脚,看到江中映出神影,就令神现形。萨真人问:"你是哪里的神?"王善说:"我是湘阴浮梁庙神王善,因为真人烧了我的庙,我跟随真人十二年,只要发现真人犯错,就是我报仇的机会来了,我会立即杀了你。但这十二年下来,我发现真人的道行已经很高,从来没有犯错。我希望真人在玉帝跟前保奏我做你的部将。"萨真人说:"你是凶恶之神,入了我的法门,将来必然损害我的道法。"王善立即发誓,说自己永远不敢背叛道法。萨真人上奏玉帝后,就收他为部将。而王善对众人的祈祷,每次都给以报应,从来没有出过差错。

《三教源流搜神大全》中还有王灵官的其他说法:王灵官的名字不叫王善,而叫王恶。王恶从小就很有力气,为人耿直,性格暴烈,好打抱不平,人人都害怕他。当时有个绰号"黑虎"的人,名字也叫王恶,他就利用"王恶"这个名字为非作歹,奸淫妇女。王恶听说后,愤怒之下就杀了"黑虎"。官府审问此案,要对王恶用刑,他一怒之下要杀"昏官",吓得主审官连连求饶。王恶来到荆州、襄阳一带,这里的古庙被汉江妖怪所占,百姓每年六月初六都要进献猪、羊、牛和美酒,否则当地就会有瘟疫流行。王恶便放火烧了古庙和神像。此时正好萨真人前来送救瘟疫的药,就作法刮起大风,把妖怪烧死,从此这一带百姓再也没有发生过瘟疫。当地人就把这些事情上奏,玉帝敕封王恶为"豁落王元帅",赐给他斗大的金印,掌管天下官吏和鬼神。凡有道士上报官吏或鬼神为非作歹,王元帅总是雷厉风行,发现有大罪,立即用槌打他,所以官民、鬼神不敢有丝毫徇私舞弊的行为。

王灵官信仰流行开来之后,他因为刚烈威武,很快就成为道观里的护法神,镇守在山门,防止邪神恶魔闯进来捣乱。

### ☯ 三眼灵耀马天君

崇福道院灵官殿的马天君,又叫马王爷、马灵官、马元帅、三眼灵光、华光大帝等名字,也是道教众多神仙中的一员三眼神将。道教中的三眼神将有好几位,个个都很厉害,马王爷也是如此,所以让他镇守道院的山门。

元明清三代,有几部小说、戏曲讲述马天君的"神迹",其中故事情节最集中的是明代小说《南游记》。余象斗的《南游记》是这样叙述华光故事的:

◎ 马天君塑像

马天君原是佛教灵鹫山如来佛的弟子,名叫妙吉祥童子。有一天,在如来佛的讲经会上,独火鬼借故闹场子,放火烧了灵鹫山,妙吉祥童子忍无可忍,放出三昧真火将独火鬼烧死了。妙吉祥童子犯下杀生之过,破了佛家戒律,佛法难容,被如来佛贬到阴山受罪。他投胎人间之前,如来佛赐给他通天、通地、通风、通水、通火的本事,又赐他一个天眼,可以看见三界。他投胎到马耳山娘娘那里,出生第三天正逢东海龙王来犯,马耳山大王战死,于是华光挣脱家人阻拦,冲上前厮杀,战不十合,将龙王一刀斩于马下,提首级回见母亲。后来，华光辞别母亲出游，盗走了北极紫微大帝的金枪，被紫微大帝困死在九曲珠内。这是马天君第一次在人间显圣的故事。

马天君一道灵光飘飘荡荡，无处依倚，飘到妙乐天尊处，被妙乐天尊送往炎玄大王家投胎。以后王家生出一男婴，左手掌有"灵"字，右手掌有"耀"字，也长三只眼，取名"三眼灵耀"。他将妙乐天尊的金刀炼化成三角金砖，此宝变化无穷，成

◎ 五显马灵官

为他的得力武器。后来他在天上大闹玉帝的琼花会，然后逃到人间，自号"华光天王"。他先拜火炎王光佛为师，后来又投在玄天上帝麾下，在玄天上帝指点下，他先后收服离娄山的千里眼、顺风耳、火漂将，为民除害，各地华光祠纷纷建立起来。一日，火炎王光佛告诉他，玉帝正在打算派遣天兵天将来捉拿他归案，为了避祸他只好再次投胎。这是他第二次在人间显圣的经历。

马天君投胎到徽州府婺源县萧家庄，不想其母萧太婆范氏原是吉芝陀圣母所变，真正的萧太婆早已被她吃掉了，她假变萧太婆为萧太公怀孕生子。吉芝陀圣母吃人恶习难改，一日正在萧家庄吃人，被龙瑞王撞见，将其打入酆都地狱。马灵官为寻母，假冒太乙天尊设道场讲经说法，向各方孤魂野鬼探问萧太婆下落。此举惹怒玉帝，派火部元帅宋无忌带领天兵三万，到人间捉拿马灵官。马灵官杀败宋无忌，

降伏五百火鸦兵为己所用，声势大震。此时如来佛出面讲和，玉帝赦免了马灵官。此时马灵官得知是龙瑞王掳走母亲，定要他交还。龙瑞王拒绝并逃跑，马灵官一路追打，龙瑞王藏到灵鹫山如来佛的莲花座后，受到如来佛的庇护。马灵官睁开天眼看见龙瑞王，仍紧追不舍，被如来佛收掉天眼。后来，马灵官继续四处寻访母亲下落，在东岳泰山，他找到了被吉芝陀圣母吃掉的范太婆，方知自己生身母亲的真相。马灵官三下酆都地狱，历尽艰难，救出生母吉芝陀圣母。不料吉芝陀圣母才出酆都，又寻思吃人，遭马灵官坚决抗拒。吉芝陀圣母以"不孝"相骂，马灵官背负不孝之名很着急。他听说吃了王母娘娘的仙桃可治好母亲的吃人病，于是变化成齐天大圣的模样，到天上偷来五六个仙桃给母亲吃。孰料玉帝责备齐天大圣偷桃，惹得真的孙悟空大怒，发誓找到偷桃元凶。于是马灵官与齐天大圣开始了一场恶斗，直到火炎王光佛出面讲和，二人罢战休兵，结为兄弟。

马天君救了母亲后，被如来佛收到灵鹫山，玉帝加封他为"上善王显头官大帝"，让他永驻人间，万民求男生男，求女生女，买卖一本十利，读书者金榜标名，感显应验，永受祭享。

《南游记》对马天君的描写，让他跟佛、道两家的神仙不断争斗、投胎、显圣，还把他说成如来佛的弟子、玄天上帝的部将，还让他跟齐天大圣孙悟空比试武艺高低，突显他的神异和厉害。最后玉帝对马天君的加封，也让他在人间显灵和享受祭祀有了更多的"法律依据"。《三教源流搜神大全》也说：玉帝因为他剿除邪神妖魔，功德无数，让他做玄天上帝的部下，下民求财、求子、求官，百叩百应，连邪巫、妖神祸害百姓的事都归他掌管，任何事只要去向他诉说，他没有不雷厉风行去处理的。

马天君在我国南方地区信仰很多，有把他当做马王的，也有把他当做火神的，不过几百年来道教一直把他当做护法神将，法坛道场也经常请他降临守护。

### ✿ 武烈忠靖温元帅

温琼元帅是道教护法神将，也是真武大帝属下的三十六天将之一。他在浙江温州一带非常有名，南方很多道观都有他的塑像。崇福道院灵官殿内的温琼元帅两目炯炯，黑眉倒挂，满面威严，遍身金甲，左手执狼牙棒，右手握金刚环。关于温琼的身世，主要记载在明代宋濂《温忠靖公庙碑》中：温琼，字永清，浙江温州人。父亲温民望曾中过进士，因年老无嗣，与妻张道辉昼夜向上祷告帝。一天夜晚，张氏梦中见一巨神手拿火珠

◎ 温琼塑像

从天上飞下来说："吾是大火之精，将投胎为神。"张氏顿时觉得全身被红光照耀，从此怀孕，于702年，即唐武后长安二年五月初五午时生下温琼。温琼七岁能踏罡步斗，十四岁精通儒家五经、诸子百家以及道教、佛教经书。二十六岁时考进士不中，他感叹道："我生不能帮助帝王给百姓带来恩惠，死后就做泰山神，除尽天下恶鬼！"说完，站着死了。后人用他留下的神符驱除鬼神时，仿佛看到他穿着赭色袍子，手握宝剑，骑着骏马，出现在召请者家里。于是人们为他建庙，但凡到庙中祈祷，显灵报应如影随形一般。宋代封他"翊灵昭武将军正佑侯"，后来又加封为"正福显应威烈忠靖王"。

《三教源流搜神大全》说温琼生于142年，即东汉的汉安元年，因其母张氏梦见六甲神手托明珠而来，口称要借腹投胎，后来生子取名曰琼，字

小玉。因为科举考试不中,感叹一番,留下一偈:"孝悌为本,忠义为先,宽仁容恕,立身无偏,便修清净,契合真玄,若奉吾道,何忧不仙?吾随左右,呼召立前。"温琼正抑郁寡欢之时,忽见一条苍龙坠珠于前,他拾起便含在嘴里,珠滚入腹中,那苍龙仍不肯离去。温琼把龙扭为环状,把尾巴绕在手上,自己的身体突然变得"面青,发赤,蓝身,猱猛,握简,游衍坐立,英毅勇猛"。从此温琼擅长讨伐妖精,治病驱邪。东岳大帝听说他威猛,召为部下,受玉帝敕旨封为亢金大神。于是温琼左手执玉环,右手执铁锏,有事便入天门奏报玉帝。他奉旨巡察五岳,为泰山府猛将,是东岳十太保之一。

温琼在上海很多道观中都有塑像,可见他在这里得到的信奉是很多的。

◎ 岳天君(岳飞)塑像

## ◎ 精忠报国岳元帅

灵官殿里的岳元帅,就是我国历史上著名的军事家、抗金英雄岳飞。岳飞的军队训练有素,军纪严明,作战勇敢,被称作"岳家军",在金兵当中流传着"撼山易,撼岳家军难"的感叹。"岳家军"在战斗中经常以少胜多,取得了一系列重大胜利。当时宋高宗赵构和宰相秦桧等人主张跟金人和谈,认为岳飞的军事胜利是和谈的障碍,于是他们连发退兵令,后来还诬陷岳飞企图谋反。1142年,即南宋绍兴十二年十二月二十九,岳飞被秦桧以

"莫须有"的罪名害死。1162 年，即绍兴三十二年，宋高宗死后，宋孝宗即位，追谥岳飞"武穆"二字，宋宁宗又追封岳飞为"鄂王"，岳飞的冤案得到彻底平反昭雪。

人们普遍敬仰岳飞崇高的民族气节和精忠报国的精神品格，赞扬他杰出的军事才能，同情他正当盛年却冤死于奸臣之手，所以深切地怀念他，奉他为神，并立庙奉祀。南宋时期已经有人将岳飞奉为土地神，据《三柳轩杂识》载："太学守土之神，岳侯也。"因为岳飞生前是统领军队的将军，后世的小说、戏曲中都称他岳元帅，他成神之后人们仍称他为"岳元帅"。《历代神仙通鉴》把岳飞说成是历史上的名将张飞、张巡等人转世。《列仙全传》也有类似的说法。《北平风俗类征》说：东岳庙有七十二司，相传速报司之神是岳飞，最著灵异，凡负屈含冤、有事不明不白，都在这里发誓赌咒，最有灵验。道士设坛，召请神将，在所请的各路神明中，岳元帅也是常见的一位。

此外，民间还有岳飞是关羽转世的传说，过去北京有"双帝庙"，其中供奉的就是关羽、岳飞两位武将。道教"四大灵官"本来是马元帅、温元帅、赵元帅、关元帅，但现在很多道观里都用岳元帅取代了关元帅。这一方面可能是关羽已经被加封为"三界伏魔大帝"，再站在灵官殿镇守山门不合适了，另一方面恐怕也跟岳飞是关羽转世的传说有一定关系。

## ✦ 正一玄坛赵元帅

灵官殿里的赵公明，是威武的护法神将，也是备受欢迎的财神。从出现的早晚来看，赵公明比其他几位灵官要早得多，魏晋时期的文献中就有他的名字；从知名度上来看，赵公明因为是财神，名气很大，接受的香火也特别多。

在《搜神记》中，赵公明是上帝差遣到人间监督众鬼取人性命的三位将军之一。在《真诰》中，赵公明仍然是一位幽冥之神，在坟墓中镇压各

◎ 赵公明元帅塑像

种邪神不得胡作非为。不过，赵公明的形象到宋代开始改变，逐渐转变为替张天师守炉炼丹的玄坛武将和保佑做生意发财的财神。《三教源流搜神大全》对赵公明的来历介绍得最详细：赵公明，终南山人氏。秦朝的时候到山中避乱，他精心修道，道法修成之后，玉帝召他到天上做神霄副元帅。他头戴铁冠，手执铁鞭，面色胡须都是黑色，骑着一只黑虎。他奉玉帝之命，出入三界，巡察天地，管理人间。汉代张天师（即张道陵）在龙虎山修炼仙丹，龙神上奏玉帝，要请一位威猛神将守护，于是天帝授予赵公明"正一玄坛元帅"名号，让他永远镇守龙虎山。他的部下有八王猛将，以对应八卦；有六毒大神，以对应天煞、地煞、年煞、月煞、日煞、时煞；又有五方雷神、五方猖兵，以对应五行；又有二十八将，以对应二十八星宿。赵公明元帅驱雷役电，唤雨呼风，驱除瘟疫，禳灾治病，都能建立功效。他还能为人申冤，主持公道，让做买卖求钱财的人都如愿以偿。人们有任何愿望，只要对着他的神像祷告，无不得到满意的结果。所以，上帝给他的名号很多，如高上神霄玉府大都督、值殿大将军、主领雷霆副元帅、北极侍御史、三界大都督、二十八宿都总管、上清正一玄坛飞虎金轮执法元帅等。因为他有威武神功和众多部将，道教将他与马灵官、关羽、温琼合为四大神将。又因为他曾为张天师守护丹室，后来民间还把他的神像贴在门上，把他当作为门神。

推动赵公明信仰更加流行的是明代小说《封神演义》。这部小说中的神仙分成两派，一派是帮助武王伐纣的阐教神仙，都听从姜子牙的号令；一派是帮助殷纣王对抗周武王的截教神仙，都听从闻太师的指挥。《封神演义》把赵公明描写成在峨眉山罗浮洞修炼的一位截教神仙，闻太师上门邀请他下山。他骑着黑虎，带领自己的两个门徒陈九公、姚少司来到军中。第一次对阵赵公明就用铁鞭把姜子牙打下马，幸亏有广成子的仙丹才救活子牙。第二次出战，他又用缚龙索活捉了黄龙真人，用定海珠打伤了赤精子、广成子、道行天尊等多位阐教神仙。他还借来了金蛟剪，在跟燃灯道人对阵时，把燃灯道人的坐骑剪成两

◎ 财神赵公明

截。两军对垒，一时无人能胜过赵公明，姜子牙拿他没任何办法。后来陆压道人让姜子牙用收魂术暗害赵公明。姜子牙就在岐山筑坛作法，在草人身上书写"赵公明"三字，天天踏罡步斗，书符焚化，收走了赵公明的魂魄，令他昏昏欲睡。到第二十一天的时候，陆压用桑树枝做的弓，桃树枝做的箭，二只箭射中草人的左右两眼，一支箭射中草人的心脏，赵公明在成汤军营中大叫两声死去。在《封神演义》中，赵公明神通广大，所向披靡，给人留下了深刻的印象。最后姜子牙封神，赵公明被封为"金龙如意正一龙虎玄坛真君之神"，率领四位部下迎祥纳福、追逃捕亡。他的四位部下：萧升被封为招宝天尊，曹宝被封为纳珍天尊，陈九公被封为招财使者，姚少司被封为利市仙官，都跟做生意、招财宝有关，所以民间把他们当做财神，而赵公明也就成了主财神。于是，赵公明就被民间当作财神来加以

崇拜。本来我国民间的财神有很多，如文财神比干、范蠡、文昌帝君，武财神赵公明、关公，还有利市仙官、五路神等，借助于《封神演义》的描写，赵公明从这些财神当中脱颖而出，成为最有名的财神。

民间供奉的财神赵公明，一般都黑面浓须，坐骑黑虎，一手执铁鞭，一手托元宝。他的身边也经常装饰有聚宝盆、大元宝、宝珠、珊瑚、如意之类，以强化他的财神身份，增强他赐予财富的功能。

崇福道院的这些灵官元帅，都是道教的重要武将，在人们的观念中，他们守护道院不受妖魔邪神的侵扰，保佑道院内殿堂的安全，也保证香客求福得福、求财得财、心想事成、万事如意。

# 真武殿：玄天上帝显灵光

真武殿是崇福道院的正殿，过去也称大殿、祖师殿，是道院内最重要的殿堂，很多重要的斋醮科仪活动都在这里举行。

现在真武殿正中的真武大帝镀金神像，是 2011 年 10 月 27 日（农历十月初一）刚刚开光的，跣足而坐的神像高三米多，方面大耳，目光下视，身着金甲，双手摊在两膝上，表情宁静，肃穆慈祥。他的前面竖有"佑圣玄武灵应真君"字样的牌位；左右两边各站有一位侍从，左边一位头顶黑色官帽，身穿官服，双手捧着一卷文书；右边那位也身穿官服，双手捧着印玺。两位侍从两胁肃立，神情专注，衬托了真武大帝的威仪。

◎ 真武大帝及其侍从

真武大帝是一位北方武神,在三林地区有着很多显灵的传说,可以说这座道观的兴隆跟真武显灵的传说密切相关。

真武,原本称"玄武",是一位古老的神灵。关于它的来历,今天较为流行的说法是:玄武是从古代星辰崇拜和动物崇拜发展而来的。我国古代将天上星辰划分为二十八星宿,分为东、西、南、北四组,也就是把初春夜晚出现于东方的星辰想象成一条龙形,西方的星辰想象成一只虎,南方的星辰想象成一只鸟,北方的星辰想象成龟蛇合体之形,此即青龙、白虎、朱雀、玄武,称作"四象"。玄武是四象之一,是龟、蛇合体的形象,因为处在北方,后来也成为北方的象征,被称作"北方之神"。北方在五行中是水,玄武又有了水神的职能,在传说中玄武能够消除火灾。

一般认为,玄武由龟蛇合体之形转变成人形是从宋代开始的。北宋初年就有真武、天篷等为天之大将的传说,这是最早将玄武描绘成武将的说

◎ 玄武雕塑

法。宋真宗赵恒声称自己的始祖是神仙赵玄朗,他诏令官方文书不得冒犯始祖之名,于是"玄武"为避讳而改名"真武"。宋真宗还为真武建了一所道观,加封他为"真武灵应真君"。南宋时期出现了真武图像,当时把他画成威猛神将的样子,所穿的衣服多是黑色。《云麓漫钞》说:"(真武)其像为北方之神,披发,黑衣,仗剑,踩龟蛇,从者执黑旗。"元明清时期的真武画像大多采用这样的形象。

元代《历世真仙体道通鉴》记载,真武神曾应道士林灵素和天师张虚静之请从天而降,出现在宋徽宗的朝堂上。真武神的模样是:"长丈余,端严妙相,披发,皂袍垂地,金甲大袖玉带,腕剑跣足,顶有圆光,结带飞绕。"这样的真武神形象,披散头发,黑色衣服,携带宝剑,光着双脚,在众多的天神当中是很独特的。

明朝末年,余象斗编著通俗小说《北游记》,详细叙述了真武大帝(即俗称祖师)下凡修道的故事。这部小说描写道:祖师原本就是玉帝,因为他羡慕刘天君家的七宝闪烁的接天树,将自己三魂中的一魂化身投胎,来到刘天君家当儿子,取名刘长生。由于凡心未净,后来祖师的这一魂又第二次投胎,转生到哥阁国为太子,十三岁即位做国王。此后,他的凡心仍没有脱尽,又第三次转生为西霞国太子,十五岁即位做国王。妙乐天尊担心祖师在人间贪享富贵,丧失本性,就变化成道士,到人间度脱他返回天宫。祖师接受了指点,经过修炼返回天宫,受玉帝之命主管三十六天将,却发现这三十六员天将在自己下凡间期全都跑到人间去了。玉帝即令祖师到人间将三十六天将收归天庭。祖师随即投胎到净洛国为太子,在斗姆元君的指点下,来到太和山修道。经过四十多年修炼,道行已高,玉帝差遣使者奉天书一道,加封祖师为"玉虚师相北方玄天上帝"。祖师又到人间斩妖荡魔,收服了走失的三十六天将,然后一起返回天庭。玉帝加封他为"混元九天万法教主玉虚师相玄天上帝、荡魔天尊",每年十二月二十五与众将同游下界,巡察善恶。这部小说把真武祖师写成玉帝的一个分身,是玉帝产生了做凡人的欲望,于是将他自己三魂中的一魂分出来,投胎到人间,在经过曲折的修炼,修成天仙大道,在人间斩除妖魔,建立功勋,然

后重新返回天庭,被玉帝加封为"玄天上帝"。

《神仙通鉴》对真武祖师的故事有另外一种讲法:真武祖师托胎在玄天净乐国王善胜夫人腹中,怀孕十四个月,从善胜夫人的左肋降生,一生下来就显示出超人的灵性,取名太玄。他十五岁时,辞别双亲,来到太和山修炼。可是,他修炼一段时间后,因为山中缺少食物,饥饿难忍,就产生了下山的念头。在下山路上,他遇到一位老婆婆在河边磨铁棒,祖师问她:"磨这个铁棒干什么?"老婆婆说:"要把铁棒磨成一根针。"祖师笑道:"这么粗的铁棒,你磨到什么时候才能磨成针呢?"老婆婆说:"只要工夫深,铁棒磨成针!"祖师听了她的话,感悟到修道也是这个道理,于是返回山中。他在路上折了一截梅树枝,放在椰树上,祝祷道:"我修成大道时,让这一截枯枝开花结果!"后来他坚持不懈,修成了大道,那段枯枝果然开花结果了。祖师从此居住在山上,又修炼了七七四十九年,终于修成通天大道,玉帝尊他为"玉虚师相"。

"玉虚师相"也成了真武大帝的别名,崇福道院以前的真武殿门口上方的匾额上就有这四个烫金大字。

真武大帝是北方之神,也是一位军神。明清时期,真武神在战争中显灵的传说非常多,特别是明朝初年燕王朱棣在北京起兵,以"清君侧"为借口,发动了所谓的"靖难之役",推翻建文帝朱允炆的统治,自己登基做了皇帝。朱棣将要起兵时,军师姚广孝自称是真武的弟子,他能请来老师助战。到起兵那天祭旗的时候,人们果然看到天上风起云涌,隐约之中似乎有一人,身穿黑衣,披头散发,随从的神兵天将遮天蔽日,从北方纷纷赶来。朱棣认为自己身处北方,真武是北方之神,真武神是来保佑自己的,所以,他起兵后经历了大小七十多场战斗,每战必拜真武。战场上稍有奇怪的事情发生,他一概认为是真武所为。朱棣登基后就是明成祖,曾多次下诏褒奖真武神,宣称:"奉天靖难之初,北极真武玄天帝显彰圣灵,始终佑助,感应之妙,难尽形容,怀报之心,孜孜未已。"他加封真武为"北极镇天真武玄天上帝",并将太和山改名武当山,取"非玄武不足以当此山"之意。明成祖历时七年,动用三十万民夫,大肆营建武当山,建造了八宫

二观、三十六庵堂、七十二岩庙、三十九桥、十二亭的庞大道教建筑群,其规模之宏大,堪称无与伦比。武当山主峰天柱山,相传就是真武修炼的地方,顶峰有金殿,殿中的真武铜铸鎏金像,重达5吨多。神像披发跣足,风姿魁伟,据说是按照明成祖的相貌塑造的。从明成祖开始,武当山成为朝廷的御用道场,真武神也成为明朝皇室的保护神。明朝新皇帝即位,必须派遣使者到武当山叩拜真武大帝,这成为明朝皇家遵守的祖宗家法。

明成祖把真武信仰推向高潮,此后全国各地建起了很多真武庙,有些古道观里也增建了真武殿。信众为了表达信仰的真诚,会用铜为真武大帝铸造神殿,称作"金殿"。现存的除了武当山金殿外,云南昆明市鸡凤山上也有真武金殿。广州佛山的真武庙,大殿虽不是铜铸,里边的真武神是铜铸的。这些金殿、金像都是各地重要的宗教文物。

◎ 明成祖朱棣

◎ 武当山

明清时候的很多文献都记载真武显灵帮助信徒打败敌兵的故事。如《汝州志》记载：汝州城西北有一座真武庙，曾经有贼兵攻城，汝州城危在旦夕，城内德高望重的老人们一起到真武庙祷告，希望真武神帮助城内官兵抵抗贼兵。这天中午，就有几只仙鹤落在真武大殿上齐声鸣叫。夜里，城外的贼兵看到城墙上身材高大的真武神手按宝剑往城下察看，贼兵都很害怕，连夜解围逃跑了。

汝州城真武显灵救民的故事，跟崇福道院的真武传说大同小异。实际上，这类传说明清时期各地都有，这些传说是各地建造、重修真武庙的直接原因。崇福道院的三次大规模重修，都跟真武显灵救民或者信众祈求真武显灵保国佑民有直接的关系。正如前面已经介绍过的，真武大帝驱逐倭寇、保佑人民的传说，已经融入崇福道院的宗教传统之中，成为道院文化的一个有机组成部分。

# 三清殿：道教大神镇四方

三清殿的一层大厅正中神龛内塑"昊天金阙玉皇大帝"神像，也就是我们平常所说的玉皇大帝，简称玉帝、玉皇，俗称"老天爷"。玉帝的塑像为白色面庞，黑须飘然，头戴镶有红宝石的皇冠，身披红色龙袍，双手交叉秉持笏版，目光威严，面容肃穆。

玉皇大帝是道教中地位仅次于三清的大神，不过很多人只知道有玉皇大帝，不知道还有"三清"。在有些小说和民间故事当中还把"三清"之一的太上老君说成玉皇大帝手下的文臣。在老百姓的心目中，玉皇大帝是天国皇帝，万神之王，他统管三界，号令鬼神，文臣有太白金星、文曲星、四大天师、三教鼻祖，武将有托塔天王李靖、哪吒、四大天王、二十八宿、九曜星官、十二元辰、四值功曹、六丁六甲、六十元辰、灵官神将、雷部众神；还有水府龙王、酆都十大阎王等，也都归他管辖。中国人自古以来信仰"天"，玉皇大

◎ 三清殿的玉皇大帝神像

101

帝是从天帝一步一步转变过来的,人们也就把他等同于天帝。

中国人自古就把"天"当做大神,称作"天帝"。甲骨文中就有很多"帝"字,在甲骨卜辞中可以看到"帝"主管的事情很多,如战争、祸福、吉凶、降雨、刮风等,也就是说,殷商时期天帝就具有了保佑人民和赐福降灾的功能。西周时期,天帝被赋予道德功能,认为人间国君是上天的儿子,所以称作"天子"。天帝把统治天下的权利授给有德行的人,让他去做国君,如果国君用仁慈的方式治理国家,天帝就嘉勉他,他的国家就能长治久安;相反,如果国君用暴虐无道的手段统治国家,人民会反对他,天帝就警告他,警告之后再不改正,天帝就抛弃他,改由别姓有德之人做国君,天下也就改朝换代了。天帝不仅是一位至高无上的大神,还主管人间王朝的更替,所以历代皇帝都会通过郊祀、封禅等方式,殷勤地祭祀天帝。

道教产生后,天帝成为所有神仙的主管,修道成仙的人到天上都要向天帝报到,天帝再委任他做各种仙官。北宋的宋真宗、宋徽宗先后加封天帝圣号为"玉皇大天帝"、"昊天玉皇上帝",此后道教和民间信仰都接受了"玉皇大帝"这个称号。宋代以后,道教一部《高上玉皇本行集经》,详细介绍玉皇大帝的来龙去脉。这部经书说:以前,光严妙乐国的国王净德和王后宝月光,二人年老无子,诏令道士"遍祷真圣",祈求上天赐给他一个儿子。有一天夜里,宝月光王后梦见太上道君(即灵宝天尊)和很多神仙一起降临,太上道君把手中还抱着的婴儿交给王后,王后梦醒后就怀孕了。怀胎一年后,在丙午年正月初九这天午时,王后生下一个太子。这位太子从小就聪明过人,仁慈有德,长大后继承王位,把国家治理得井然有序,但他不久就逊位舍国,去普明香严山中修道,"修行三千二百劫,始证金仙","又经亿劫,始证玉帝"。按照这部道经的说法,玉皇大帝是从人间国王这个身份,经过很长时间的修炼,最终获得了至上神的地位。

一般来说,人们相信玉皇大帝居住在天庭,他与各路神仙聚集在灵霄宝殿,讨论三界之内的各种事情。我国明清时期的小说戏曲当中,对玉皇大帝的描写很多,其中影响最大的是《西游记》。《西游记》第三回写玉皇大帝在灵霄宝殿朝会,接到东海老龙王、地府秦广王先后奏报,说孙悟空闹龙

宫、闯地府,扰乱了三界秩序,要玉帝派兵捉拿这妖猴。小说是这样写的:

  一日,玉皇大帝驾坐金阙云宫灵霄宝殿,聚集文武仙卿早朝之际,忽有丘弘济真人启奏道:"万岁,通明殿外有东海龙王敖广进表,听天尊宣诏。"玉皇传旨,着宣来。敖广宣至灵霄殿下,礼拜毕,旁有引奏仙童接上表文,转给玉皇。表上说:近因花果山生、水帘洞住妖仙孙悟空,欺虐小龙,强坐水宅,索兵器,惊伤水族,唬走龟鼋,闹得南海龙战战兢兢,西海龙凄凄惨惨,北海龙缩首归降,臣敖广舒身下拜,献神珍之铁棒,凤翅之金冠,与那锁子甲、步云履,以礼送出。他仍弄武艺,显神通,果然无敌,甚为难制。臣今启奏,伏望圣裁,恳乞天兵,收此妖孽。玉帝看完文书,传旨道:"着龙神回海,朕即遣将擒拿。"老龙王叩首退去。
  下面又有葛仙翁天师启奏道:"万岁,有冥司秦广王赍奉幽冥教主地藏王菩萨表文进上。"旁有传言玉女接上表文,玉皇从头看过。表上说:幽冥境界,乃地之阴司。天有神而地有鬼,阴阳轮转;禽有生而兽有死,反复雌雄。生生化化,孕女成男,此自然之数,不能易也。今有花果山水帘洞天产妖猴孙悟空,逞恶行凶,不服拘唤,打绝九幽鬼使,惊伤十代慈王,大闹森罗殿,强销自己名号,致使猴属之类无拘,猕猴之畜多寿,寂灭轮回,各无生死。伏乞天庭调遣神兵,收降此妖,整理阴阳,永安地府。玉皇览毕,传旨:"着冥君回归地府,朕即遣将擒拿。"秦广王亦叩头谢恩,返回地府去了。
  玉皇大帝问文武仙卿:"这妖猴是几年产育,何代出身,却就这般有道?"话音未落,仙班中闪出千里眼、顺风耳道:"这猴乃三百年前天产石猴。当时不以为然,不知这几年在何方修炼成仙,降龙伏虎,强销死籍。"玉帝道:"那路神将下界收伏?"话音未落,班中闪出太白金星李长庚,他俯伏启奏道:"上圣,三界中,凡有九窍者,皆可修仙。这只猴子也是天地育成之体,日月孕就之身,他也顶天履地,服露餐霞,今既修成仙道,有降龙伏虎的本事,与人有什么差别呢?臣启陛下,可念生化之慈恩,降一道招安圣旨,把他宣来上界,授他个小官职,给他个神

仙名分，也好在天上管束他。若受天命，以后升官赏赐；若违天命，也好顺便擒拿他。一不动众劳师，二也收了新仙人。"玉帝闻言甚喜，道："依卿所奏。"随即让文曲星官修诏书，让太白金星到花果山去招安。

太白金星李长庚把孙悟空连哄带骗，招到天上，授他个弼马温的小官，专门给玉帝养马。接着，小说第四回写孙悟空得知弼马温只是个不入流的小官，一怒之下反出天庭，回到花果山，竖起"齐天大圣"的旗号。玉帝闻奏，即令托塔天王李靖为降魔大元帅、巨灵神为先锋，前往下界征讨孙悟空。不料天兵天将被孙悟空打败，李天王请求添兵剿除。此时太白金星仍主张招安，给孙悟空一个齐天大圣的空衔，有官无禄，暂时又化解了一场天兵征讨。第五回写孙悟空掌管蟠桃园，偷吃仙桃无数，后来得知王母娘娘举办蟠桃会，竟然不请他赴宴，很是生气，就假变赤脚大仙的模样，混入瑶池偷吃仙酒，又乘醉闯入太上老君兜率宫，偷吃了老君的仙丹。老君奏闻玉帝。"玉帝大恼，即差四大天王，协同李天王并哪吒太子，点二十八宿、九曜星官、十二元辰、五方揭谛、四值功曹、东西星斗、南北二神、五岳四渎、普天星相，共十万天兵，布十八架天罗地网下界，去花果山围困，定捉获那厮处治。"谁知孙悟空神通广大，一再打败天兵天将，玉帝调遣二郎神前来助阵。二郎神与孙悟空交战，逐渐占据了上风，此时太上老君又当空掷下一个金刚琢，正打在孙悟空天灵盖上，孙悟空跌倒，被二郎神手下的"七圣"一拥按住，将绳索捆绑，擒拿到天庭受刑。孰料任凭天兵天将刀砍斧剁、雷打火烧，竟一毫不能伤损孙悟空。玉帝闻言道："这厮这等，这等，如何处治？"这时又是太上老君给玉帝出主意道："那猴吃了蟠桃，饮了御酒，又盗了仙丹。我那五壶丹，有生有熟，被他都吃在肚里，运用三昧火，锻成一块，所以浑做金钢之躯，急不能伤。不若与老道领去，放在八卦炉中，以文武火锻炼。炼出我的丹来，他身自为灰烬矣。"玉帝闻言，即教六丁六甲将他解下，付与老君。老君用八卦炉将孙悟空烧炼了七七四十九天，并没有把孙悟空炼成灰烬，却给他炼出一副火眼金睛，还让他跑出来在天宫横冲直撞，一直打到灵霄殿外，这下子把玉帝惊吓得不轻，玉帝就

让灵官神将到西天请来如来佛祖。如来佛祖听孙悟空说他也想坐灵霄殿玉帝的宝座，呵呵冷笑道："你那厮是个猴子成精，怎敢欺心，要夺玉皇上帝尊位？他自幼修持，修炼过一千七百五十劫，每劫该十二万九千六百年，你算，他该多少年数，方能享受此无极大道？"悟空说："他虽年劫修长，也不应久占在此。常言道'皇帝轮流做，明年到我家'，只教他搬出去，将天宫让与我，便罢了；若还不让，定要搅攘，永不清平！"如来见跟孙悟空讲不通道理，就翻过手掌，把他压在五行山下了。

从这段精彩描写可以看出，玉皇大帝是天国的皇帝，不但天上神仙听从他的调遣，人间、水下、幽冥的神仙鬼王也都在他的管辖之下。有些魔王妖仙（像孙悟空）觊觎玉皇大帝的宝座，企图前来抢占，但是有太上老君、如来佛祖这样的重量级大神的支持，魔王妖仙最终被镇压而无法获得成功。

清代小说《说岳全传》主要讲述岳飞抗金的的故事，但其中玉皇大帝

◎ 岳飞塑像（杭州岳王庙）

的形象也颇为重要。小说中的岳飞、金兀术、宋高宗、秦桧等人都是真实的历史人物，不过在民间说书艺人长期讲唱、加工之后，故事框架变成了常见的"因果报应"模式。小说一开头，借神仙陈抟老祖之口，把故事的起因交代出来：这段因果，只因为当初宋徽宗新年那天祭天，在表章上写"玉皇大帝"，不料那"玉"字的一点，点在了"大"字的上头，写成了"王皇犬帝"。玉帝看了大怒道："王皇可恕，犬帝难饶！"随即命令赤须龙下凡，降生到北方的黄龙府，名叫金兀术，让他侵犯中原，扰乱大宋江山。如来佛看到赤须龙暴虐，恐怕中原无人降伏，就派遣西方灵山的大鹏鸟下凡，托生在中原，取名岳飞，让他将来保全大宋江山。人间这场血雨腥风的战争，原来竟是宋徽宗祭天时粗心大意酿的祸端，玉帝因而发怒报复，是这一切战乱的直接原因。《说岳全传》最后结尾，仍是由玉皇大帝出面裁决：宋徽宗祭天不敬，被掳到金国受苦；金兀术虽是奉命下凡，但因为与秦桧的妻子王氏有染，被打一百铁鞭，交给南海龙王锁禁；岳飞变回大鹏鸟，仍回西方灵山做如来佛的护法；秦桧等奸臣打入地狱受罪，岳云、牛皋等人都是天将下凡，仍各回本部。玉皇大帝的意志决定了人间的秩序，谁冒犯或者得罪了他，谁注定不会有好日子。玉皇大帝稳坐灵霄宝殿统治宇宙三界，这是千百年来中国老百姓头脑中的一幅不变的宗教图像。

三清殿的二层大厅正中神龛中是道教最高神三清。三清，指道教所尊的玉清、上清、太清三清境，也指居于三清仙境的三位尊神，即玉清元始天尊、上清灵宝天尊、太清道德天尊。

玉清元始天尊是道教的开天辟地的创世之神。也称盘古真人，元始天王，葛洪在《枕中书》中说：很早的时候，阴阳还没有分开，宇宙混沌一片，天地没有形成，日月也没有出现，盘古真人在这个鸡蛋形的原始宇宙中游来游去，自号元始天王。经过几十万年孕育，天地形成了，元始天王住在天之中心，一个名叫"玉京山"的地方，山中的宫殿都用金玉装饰，他呼吸元气，饮用地泉。又经过几十万年才有太元圣母，再经过十几万年才出现东王公、西王母，然后才有伏羲、神农、祝融等大神。因为元始天王出现最早，在三清中的地位最高，他成为道教第一大神。

上清灵宝天尊，又称"太上道君"，是道教第二位大神。按照《云笈七签》的说法：灵宝天尊是道气的化身。道生出一气，一气化作三气，然后再化出三清，这就是道教所谓的"一气化三清"。据该书引用的道教神话：灵宝天尊化为人形之后，在其母腹中结胎三千七百年才降生。出世后他度脱无数人成仙，他住在玄都玉京，有金童玉女三十万人侍奉，万神来朝，十万真仙来拜。《历代神仙通鉴》说灵宝天尊"凡遇有缘好学，请问疑难者，

◎ 玉清原始天尊

不吝教诲。有三十六变、七十二化。人欲见之，随感而应，千万处可分身皆到"。也就是说，灵宝天尊跟佛教中的观世音一样，只要有人呼唤，他随时赶来救应。在道教大型斋醮礼仪中，多设有三清神位，灵宝天尊居元始天尊之左位，道德天尊仅居右位。

太清道德天尊的原型就是老子，也叫太上老君，他的塑像是头发眉毛皆白、手拿扇子的模样，以显示他年事很高，而且以烧炉炼丹为业。老子位居三清的第三位，不

◎ 上清灵宝天尊

107

◎ 上清灵宝天尊

过东汉道教初创时，他被称作太上老君，当时是道教的最高神。魏晋时期，关于老子的传说蜂拥而起，葛洪在《神仙传》中说：老子，字伯阳，是楚国苦县曲仁里人。他的母亲感应了大流星而怀孕，降生在李家，就以李为姓。有人说老子先天地生；有人说他是天的精魄，是神灵之类；有人说他母亲怀孕七十二年才生出他，他是剖开母亲左腋出来的，出生时就一头白发，所以称作"老子"；还有人说他母亲无丈夫，老子姓李是随母家的姓；还有人说，老子之母恰好是在李树下生下老子的，老子出生后就能开口说话，他指着李树说"以此为我姓"。还有人说，上三皇时老子是玄中法师，下三皇时老子为金阙帝君，伏羲时老子是郁华子，神农时老子是九灵老子，祝融时老子是广寿子，黄帝时老子是广成子，颛顼时老子是赤精子，帝喾时老子是禄图子，尧时老子是务成子，舜时老子是尹寿子，夏禹时老子是真行子，殷汤时老子是锡则子，文王时老子是文邑先生，又说他是守藏史。还有人说老子在越国是范蠡，在齐国是鸱夷子，在吴国是陶朱公。葛洪认为，老子如果是天之精神，应当每个朝代都降世，每个朝代老子都会以圣人的面目出现，辅助帝王治理天下。在道教第一个神仙谱系《真灵位业图》中，老子的名号出现两次：第一次出现在第三中位，名"太极金阙帝君姓李"，第二次在第四中位，

名"太清太上老君"。这个神仙谱系对后世影响很大，也奠定了老子列于三清的崇高地位。

到唐代，李氏一统天下，出于神化皇家血统、巩固皇权的需要，唐高祖李渊尊老子为始祖，敕号"太上玄元皇帝"，并在全国各地大建老子宫观。同时，在民间故事当中，老子变成了隐居名山、炼化仙丹的道士形象，越来越多的故事都把老子说成一个善于烧炉炼丹的老道。唐代牛僧孺有传奇小说集《玄怪录》，其中《杜子春》一篇，讲述杜子春三次得到一位老道士的重金资助后，感激不尽，为了报答老道的恩德，甘愿为他守炉炼丹，但因为他未能遵守"慎勿语"的告诫，失声说了一句话，造成老道士炼丹失败。这个故事在流传过程中发生了变异，那位老道士在明代小说中就被说成是太上老君了。在冯梦龙编撰的《醒世恒言·杜子春三入长安》中，杜子春第一次守炉失败后，回到家中涤虑凝神，一心修道，三年后再来寻找太上老君，在老君祠内守候三年，终于得到太上老君的度脱而成仙，最后在太上老君陪同下白日飞升了。这个情节与《西游记》中太上老君在兜率宫烧炼九转神丹的情节相互呼应，炼丹成了太上老君的象征性活动。

同样，在明清小说中，太上老君经常出现在灵霄宝殿，好像玉帝的国师一样。在《西游记》中太上老君的地位就很高，玉帝对他言听计从。在小说《牛郎织女》中，太上老君也有很高的地位。这部小说第一回写新年元旦之期，众神仙前往通明殿朝拜玉帝，接着小说写道：

> 但见国师太上老君，领着左右二相、福禄寿三位星君、南斗星君、北斗星君、正乙玄坛星君、九天雷部经君、太白星君、五谷星君、四方观音大士、九曜、二十八宿，还有每逢岁底朝见的灶王星君，一齐分班朝贺，高呼"万岁"、"圣寿无疆"。

在这部小说中，太上老君就被直接说成了"国师"，而且是玉帝众多大臣的领班首辅。这是小说家描写的太上老君，与道教内部对他与玉皇大帝关系的描述并不一致。不过，这种不同的说法丰富了太上老君的形象，并

◎ 紫微大帝

不会影响民众对他的信仰。

在三清神龛的左右两边,是供奉"四御"的神龛。"四御"即四帝,也就是辅助三清的四位天帝,地位仅次于三清,是第二层级的道教大神。他们的名称是:玉皇大帝、中天紫微北极太皇大帝、勾陈上宫天皇大帝、后土皇地祇。《道法会元》称三清、四御为"七宝",认为三清是宇宙万物的创造者,四御是统率天地万神者。

四御中的玉皇大帝,前面已经介绍过,这里就不再赘述。排在第二位的"中天紫微北极太皇大帝",简称"紫微大帝",实际上来源于我国人民对北极星的崇拜。北极星是地球自转时,地轴始终指向的一个星辰,被称作"天枢",天上众星似乎都在围绕它旋转,所以它被当做帝王星,也称紫微星。它周围的一些星宿则被说成是宰相、三公,而分布在四周的二十八宿则被说成是诸侯,是替它在外面守护疆土的。道教吸收了这些说法之后,就把北极星说成是紫微大帝,协助玉皇大帝掌管天经地纬、日月星辰和四时气候。四御排在第三位的是"勾陈上宫天皇大帝",简称"勾陈大帝"、"天皇大帝",它也源于我国古代星辰崇拜。《上清灵宝大法》说天皇大帝"乃北极帝座之左,有星四座,其形连缀微曲如勾,是名勾陈,其下一大星正居其中,是为天皇大帝也。其总万星,位同北极"。排在第四位的"后土皇地祇",简称"后土",是与主宰天界的玉皇大帝相对应的、主宰大地山川的大神。

三清、四御是道教最高神,在三清殿中总领众神,威震四方千鬼万灵,保佑崇福道院和一方百姓的安宁。

# 文昌殿：文昌帝君保文运

在崇福道院灵官殿和真武殿之间的前天井东侧，有一座文昌殿，殿内正中的神龛里供奉有文昌帝君神像。文昌帝君过去是主管科举文运和功名利禄的尊神，现在仍有人认为他主管升学考试，也有人把他当做"文财神"来崇拜，所以香火一直都很旺。

说起文昌帝君，他的来历真有点复杂，一开始是跟星宿崇拜有关的。北斗之上有六颗星，合称文昌宫，司马迁在《史记·天官书》中说，文昌是斗魁六星；南北朝时期的《索隐》说，文昌主管文章和爵禄等事情。民间把文昌星当做大神来崇拜，认为他主宰文人功名利禄，所以很多文人虔诚

◎ 扬州文昌阁

地信奉文昌神。从北宋开始，文昌神与四川的梓潼神结合起来，在科举考试的社会背景下，对他的崇拜不断升温。

梓潼神原名叫张恶子，原本是个武将。北宋高承在《事物纪原》中说，张恶子庙在四川梓潼县，他是晋朝人，在战争中阵亡后，人们在这里为他修庙。到唐朝，"安史之乱"发生后，叛军攻占长安，唐明皇逃到四川，梓潼神曾在万里桥迎接皇帝銮驾，因而被加封为左丞相。两个甲子以后，唐僖宗又因为黄巢的农民起义军占领长安而逃到四川，相传梓潼神曾护驾有功，被加封为济顺王。998年至1003年，即北宋咸平年间，益州（今四川西部）发生士兵骚乱，官兵前来镇压，忽然有人对城里的叛军呼喊："梓潼神派我来告诉你们，九月二十日城池被攻破。"到这天，叛军的城池果然被攻破了。四年后，宋真宗加封梓潼神为英显王。可以看出，到北宋初年梓潼神还是个武将，跟文昌神没有什么关系。不过，到北宋末年，梓潼神已经跟科举考试有着密不可分的关系了。蔡絛在《铁围山丛谈》说：

长安前往四川的路上有个梓潼神祠，向来很灵异，士大夫到神庙拜谒，得到风雨相送，将来必能做到宰相；举子到庙里拜谒，如果得到风雨相送，必能中状元。相传自古都是这样，没有例外。有一位王提刑，到庙里拜过梓潼神后，有大风雨相送，王提刑自以为将来肯定能

◎ 王安石雕像（成都浣花溪公园）

做宰相，很是自负，但这次却不灵验了。后来才知道，这场大风雨是送给王提刑的儿子王安石的，当时王安石才八九岁，跟父亲一起拜的梓潼神。

叶梦得在《崖下放言》中讲了另外一个故事：

四川有两个举子赴京参加考试，到剑门关，当时风雪很大，又到了傍晚时分，就住进张恶子庙，向庙神祷告，祈望梓潼神在梦中给他们的前程做一点启示。当夜，二人看到庙里灯火如同白昼，宴席十分丰盛，听到庙里车马、人物往来不断。他们二人伏在门口偷看，听到一个人说："玉帝让我们做来年的状元赋，现在议一议题目吧！"另一个人说："就以'铸鼎像物'为题吧！"接着，众人在一起作文，修改韵脚，商量了很长时间，然后一个人把文章从头到尾朗诵一遍，并说："当召状元魂魄接受文章。"二人都暗自高兴，说："这正是为我们二人做的文章啊！"到天快亮的时候，见庙中各人纷纷散去，庙中恢复了平静。两个举子牢记了众神所做的文章，一个字都不落下，他俩都自以为必能考取状元。到殿试时，题目果然是"铸鼎像物赋"，二人正暗自高兴，不料他们无论如何都想不起梓潼神庙中的那篇文章，连一个字都想不起来了。二人草草写出一篇文章交上去。放榜之时，二人都落榜了，中状元的是名叫徐奭的人。后来他俩看到徐奭的文章，与梓潼神庙中众神做的那篇一字不差。两个举子大为感叹，才知道考场得失，状元谁中，都是神灵安排好的，于是他们自认为没有得到梓潼神保佑，隐居深山，再也不参加科举考试了。

众多这样的传说改变了梓潼神的神格，让他具有了掌管文运的职能，梓潼神与文昌神合二为一了。元朝仁宗皇帝加封梓潼神为"辅文开化文昌司禄宏仁帝君"，简称"文昌帝君"。明清时期，文人对文昌帝君的信仰非常流行。文昌帝君的塑像是文官立像，头戴官帽，身穿绿袍（或红袍），左

◎ 文昌帝君和天聋、地哑

右站立两个侍童，一个叫"天聋"，是天生的聋子，什么也听不见；一个叫"地哑"，是天生的哑巴，什么也说不出来。那么，文昌帝君的身边为什么安排这样两位聋哑人做侍从呢？《历代神仙通鉴》是这样解释的："梓潼真君，道号六阳，每当出门都骑着白骡，跟随两个童子，名叫天聋、地哑。"真君是管科举文章的，直接决定读书人能不能中举、中进士、中状元，关系到文人命运的贵贱浮沉，所以用聋哑人在身边，让能听的不能说，能说的不能听，防止天机泄露。这里所谓的"天机"，实际上就是科举考试的题目，用天聋、地哑做侍童，是文昌帝君防止试题泄密的一种措施。

1905年科举考试被废除，不过文昌帝君的香火仍然旺盛，因为科举考试废除后，反而出现了名目繁多的各种考试。天下有考不完的试，文昌殿就永远有旺盛的香火。更何况，现在文昌帝君被当作文财神，具有赐予财富的功能呢。

## 慈航殿：慈航送子解苦难

在崇福道院真武殿和三清殿之间的后天井东侧，还有一座慈般殿，也叫观音殿。为什么一个殿堂有两个名称呢？因为殿堂里的这位女神有两个名字，佛教对她的称呼是"观音"，道教对她的称呼是"慈航道人"。观音这个称呼更通行，信众一般都用这个名称。

在崇福道院的各个殿堂里，观音先后出现了六次，她的其他名目还有千手观音、白衣观音、南海观音、送子观音、散花观音等。一个神仙出现了这么多次，说明信众对她的需求很多，信奉很炽烈。

实际上，观世音原本是佛教大士，是大乘佛教中的重要菩萨。菩萨是梵文"菩提萨埵"的音译简称，如果意译就是"觉悟有情"、"道心众生"，旧时也译作大士、大圣等，所以观世音又被称作"观世音大士"。在佛教中，菩萨的果位仅次于佛，释迦牟尼成佛以前就以菩萨为称号。到唐代，

◎ 观音像

为了避讳唐太宗李世民名字中的"世",观世音改称"观音"。菩萨中国化之后,出现了文殊、普贤、观音、地藏四大菩萨的说法,他们分别以五台山、峨眉山、普陀山、九华山为显灵说法的道场。

观音菩萨是西方极乐世界阿弥陀佛的两大助手之一。在佛寺中,阿弥陀佛的左胁侍从是观音菩萨,右胁侍从是大势至菩萨。不过,从知名度上来说,观音菩萨不在阿弥陀佛之下,不少信众口口声声持念"阿弥陀佛",也时时刻刻祷告"菩萨保佑",这个菩萨主要指观音菩萨。有民谚说"家家阿弥陀,户户观世音",说的就是这种情况。

那么,"观世音"又是什么意思呢?其实,观世音不是佛教神名的音译,而是意译。东晋僧肇的《注维摩诘经》说,世人有苦难,只要诵念观世音的名号,菩萨"观"到声音,马上前往解救,苦难当即解除。观音菩萨不是用耳朵听声音,而是用眼睛"观"声音,这是佛教特有的说法。观音可以解除的苦难有多种,如生老病死及各种危难都是她解救的范围,所以世人称她是"大慈大悲广大灵感救苦救难有求必应观世音菩萨"。

在印度佛教中,观音原本并不是女儿身,而是男性,号称大士,还是一位太子呢。《悲华经》说:转轮圣王有四个太子,其中第一位太子名叫不眴,第二位太子名叫尼摩。后来转轮圣王修炼成佛,就是西方极乐世界的阿弥陀佛,不眴修炼成观世音菩萨,尼摩修炼成大势至菩萨,父子三人成为佛教的"西方三圣"。还有佛经把观世音、大势至两位菩萨说成是莲花化生,如《观世音菩萨得势至菩萨授记经》说:以前,金光狮子国的威德国王在如来国游玩,他的国中没有女人。威德国王在如来园林中得了三昧(真谛),左右两朵莲花化生为两个儿子,左边的名叫宝意,就是观世音;右边的名叫宝尚,就是大势至。莲花是佛教的象征,也是佛陀、佛经、佛法、真谛的化身,所以莲花化生观音菩萨的故事,在佛教中并不难理解。

那么,观音从什么时候从男士变成了女儿身的呢?佛教传入中国之后,观音一开始也是以男身出现的,但是,佛教的主要神灵,包括佛祖、菩萨、罗汉乃至于高僧,都是男性,没有女性。相比之下,道教有很多女神仙,如西王母、上元夫人、嫦娥、织女、杜兰香、魏夫人等,对于很女信徒来

说，女神仙更有亲和力，也更容易得到信奉。于是，佛教为了与道教竞争，开始把观音菩萨改造成女神。观音虽是大士，他有三十三个化身，有些化身就是女身，这是改变他的性别的理论基础。在《楞严经》中，观世音说：如果有女人学佛法，我在她面前就是比丘尼（尼姑）身、女王身、夫人身、命妇身、大家闺秀身，以便为她们宣讲佛法。《妙法莲华经》引用佛祖的话说：观世音现出比丘尼（尼姑）身，优婆夷（女居士）、长者、居士、宰官、婆罗门、妇女、童男、童女身，为他们讲说佛法。所以，观音可以根据需要改变性别，变换身份，从而适合广大善男信女的需要。我国从南北朝时期开始出现女相观音，到唐代女相观音已经盛行开来。由于观音的神像端庄，容貌姣好，后来观音也成了美女的别名，往往人们称赞女子漂亮时就说她是个"活观音"。

观音的塑像有多种形象和姿态，其中以千手观音最为独特。千手观音是怎么来的呢？管道升的《观世音菩萨传略》是这样说的：

◎ 千手观音

从前有个妙庄王，他有三个女儿，名叫妙因、妙缘、妙善，妙善就是后来的观音。三个女儿都到了出嫁的年龄了，妙庄王为她们择婿，大女儿、二女儿都高兴地答应了，三女儿妙善却无论如何都不愿出嫁，执意要出家为尼。妙庄王大怒，把她赶出王宫，不准再回家。妙善就到香山修炼去了。多年后,妙庄王得了重病,生命危在旦夕,此时妙善已经修行得道,她变作一个老僧来到王宫,对妙庄王说:"你的病需要至亲至爱之人的手和眼来治疗。"妙庄王认为自己的女儿是至亲至爱之人,便劝说大女儿、二女儿献出自己的手或眼,但她们都拒绝了。这时老僧告诉妙庄王:"香山仙长大有慈悲,愿意救度一切生灵,你去求他一定能行。"妙庄王派人来求香山仙长,仙长来到王宫,将自己的手砍下、眼剜出,献给妙庄王。妙庄王服用之后,大病立即痊愈,但他看到仙长没了手和眼,心中非常痛苦,就祷告神明让仙长重新长出手和眼。祷告声音刚落,仙长果然长出了手和眼,而且一下子长出了一千只手、一千只眼,成了千手千眼观世音菩萨。仙长说出自己的来历,与妙庄王重新相认,畅叙父女恩情,极为欢洽。

管道升的这本书虽然讲述的是佛教观世音的故事,却也包含了儒家的孝道、道教的神仙思想,是佛、道、儒"三教合一"的产物。

杨柳观音也很常见,她手中所拿的杨柳枝,有替人消除病苦的功能,所以又叫药王观音。我国民间流传的杨柳观音,一手持杨枝,一手托净瓶,表示观音用杨柳枝蘸取瓶中的甘露,

◎ 白衣观音

洒向人间，救度众人，消除众生烦恼和病疫。千手观音也有一只"杨枝手"，专司除病消灾。

白衣观音又叫"白处尊菩萨"，她身穿白衣，一手执莲花，坐在莲座上。白衣观音被认为可以消灾延命，保佑家人，另外求子、求顺产、保育幼儿等，也都可以求拜白衣观音。

送子观音的塑像都是怀抱婴儿站立的形象。虽然佛经中没有"送子观音"的名目，但观音送子在佛经中还是有一定根据的。《观世音经》中说："若有女人，设欲求男，礼拜供养观世音菩萨，便生福德智慧之男；设欲求女，便生端正有相之女。"中国古代重视生儿育女，求子是一件大事，观音在这方面有所作为，为她召唤来了无数的信徒。所以，送子观音是佛教中国化的产物，也是民间对观音形象的加工和创新。从古到今，民间流传很多观音送子、保佑妇女顺产的灵验故事，这也让观音信仰长盛不衰。上海人对观音的信仰十分虔诚，有秦荣光《上海县竹枝词》一首为证：

◎ 送子观音

沪人最敬礼观音，六月十九年年临。
冒暑躬趋莲座拜，不嫌铄石与流金

按照道院的说法，每年二月十九是观音圣诞，六月十九是观音白日升

天纪念日,九月十九是观音得道成真纪念日,崇福道院都举行斋醮法事,很多信众前来参加,一起祈福。

观音在道教中也称作慈航道人,这是《封神演义》影响的结果。在这部小说中,慈航道人属于阐教的神仙,在普陀山落伽洞修炼,后来出山帮助姜子牙讨伐纣王。他参加过多次战斗,其中最有名的是收服殷洪一战。殷洪本是殷纣王的次子,因为遭到妲己迫害而出逃,后来被纣王派人抓回,要处以极刑,赤精子将他救走,带到太华山云霄洞修炼多年。姜子牙与殷纣王对垒,殷洪下山准备投奔姜子牙,却被申公豹策反,反而投到纣王军中效力,与姜子牙为敌。赤精子听说后,下山收服殷洪,慈航道人提出把殷洪引入太极图杀死。那太极图是一件阐教法宝,任何神人仙鬼进入其中,卷起太极图,不消一个时辰他就会化作灰烬。小说第六十一回写道:

> 赤精子在旁,双眉紧皱,对文殊广法天尊曰:"如今殷洪挠阻逆行,恐误子牙拜将之期,如之奈何?"正话间,忽杨戬报曰:"有慈航师伯来见。"三人闻报,忙出府迎接慈航道人,一见携手上殿,行礼已毕,子牙问曰:"道兄此来,有何见谕?"慈航曰:"专为殷洪而来。"赤精子闻言大喜,便曰:"道兄将何术治之?"慈航道人问子牙曰:"当时破十绝阵,太极图在么?"子牙曰:"在此。"慈航曰:"若擒殷洪,须是赤精子道兄,将太极图须如此如此,方能除得此患。"赤精子闻言,心中尚有不忍,因子牙拜将日已近,恐误限期,只得如此,乃对子牙曰:"须得公去方可成功。"……子牙不带诸门人,领一支人马,独自出城,将剑尖指殷洪大喝曰:"殷洪!你师命不从,今日难免大厄,四肢定成飞灰,悔之晚矣。"殷洪大怒,纵马摇戟来取;子牙手中剑赴面交还,兽马争持,剑戟并举。未及数合,子牙便走,不进城落荒而走……子牙在前边,后随殷洪。赶过东南,看看到正南上。赤精子看见徒弟赶来,难免此厄,不觉眼中落泪,点头叹曰:"畜生!畜生!今日是你自取此苦,你死后休来怨我。"忙把太极图一抖,放开此图,乃包罗万象之宝,化一座金桥,子牙把四不像一纵,上了金桥。殷洪忙赶至桥边,

见子牙在桥上,指殷洪曰:"你敢上桥来与我战三合否?"殷洪笑曰:"连我师父在此,吾也不惧,又何怕你之幻术哉?我来了!"把马一纵,那马上此图了。……话说殷洪上了此图,一时不觉,杳杳冥冥,心无定见,百事攒来,心想何事,其事即至。殷洪如梦寐一般,心不想莫是有伏兵,果见伏兵杀来,大杀一阵,就不见了。想那姜子牙,霎时子牙来至,……殷洪慌做一堆,只见赤精子大叫曰:"殷洪!你看我是谁?"殷洪看见师父,泣而告曰:"老师,弟子愿保武王灭纣,望乞救命!"赤精子曰:"此时迟了,你已犯天条,不知你见何人,叫你改了前盟?"殷洪曰:"弟子因信申公豹之言,故此违了师父之语,望老师慈悲,借得一线之生,怎敢再灭前言?"赤精子尚有留恋之意,只见半空中慈航道人叫曰:"天命如此,怎敢有违?毋得误了他进封神台时辰。"赤精子含悲忍泪,只得将太极图一抖,卷在一处。提着半晌,复一抖太极图开了,一阵风,殷洪连人带马,化作飞灰,一道灵魂进封神台去了。

在《封神演义》第四十四回有交代:"普陀山落伽洞慈航道人,后成观世音菩萨。"也就是说,这里的慈航道人就是人们所熟悉的观世音菩萨。但是,

◎《封神演义》插图·殷洪

在小说中，慈航道人对殷洪痛下杀手，先是提出用太极图来收殷洪，太极图可以在短时间内将人化作灰烬，是很厉害的一招。等到赤精子把殷洪骗进太极图，尚有留恋之意时，慈航道人又催促他："天命如此，怎敢有违？毋得误了他进封神台时辰。"在小说的描写中，慈航道人没有表现出什么慈悲情怀，而是用心狠毒、下手很重，与大慈大悲救苦救难观世音一点都不像了。当然，小说与宗教经卷有较大不同，《封神演义》中的慈航道人，是在道、佛二教的基础上，经由民间艺人和文人作家虚构、加工创造出来的艺术形象。后来道教采用了慈航道人的称呼，并没有照搬小说对人物的描写，而是赋予他很多慈悲情怀，让他回归了观音救苦救难、度化世人的神格特点。

# 众配殿：道教诸神显圣光

崇福道院还有几位道教大神，也都是历史悠久且获得信奉很多的神仙，他们分布在真武殿、三清殿、文昌殿或观音殿中，有的还不止一次出现。

## ☯ 东岳大帝主鬼魅

东岳大帝原本是泰山神，古称泰山府君。古人认为："山无大小，皆有神灵。山大则神大，山小则神小。"我国有五岳名山，即东岳泰山、西岳华山、北岳恒山、南岳衡山和中岳嵩山。泰山又被认为是五岳中最尊贵的山，所以泰山的山神也最为尊贵，地位最高。泰山神掌管阴间鬼魂，汉代有这样一句话："生属西长安，死属东泰山。"意思是说，一个人活着的时候归长安城里的皇帝管辖，死了之后鬼魂归泰山府君管制。既然这样，泰山神就决定了人的寿命长短，所以人们就把山泰神当做重要的大神来祭拜，连皇帝也愿意到泰山去祭天和地（即封禅），以祈求天下太平，长治久安。

对泰山神的信仰有一个不断升级的过程，汉代称泰山神为"泰山君"，汉明帝加封他为"太山元帅"，魏晋时期称他"泰山府君"，唐代武则天加封他为"天中王"、"天齐君"，唐玄宗加封他为"天齐王"。到北宋，宋真宗皇帝先后加封他为"仁圣天齐王"、"东岳天齐仁圣大帝"，这也是"东岳大帝"一名的来历。"大帝"名号出现，意味着他的地位已经登峰造极了。

在明代小说《封神演义》中，姜子牙最后把黄飞虎加封为"东岳泰山天齐仁圣大帝"，让他执掌幽冥地府一十八重幽冥地狱，以及人神鬼仙生死转化的事情。由于这部小说流行很广，不少人都把东岳大帝说成是黄飞虎。

◎ 东岳大帝

实际上，除了黄飞虎之外，东岳大帝还被说成别的人物，如金虹、唐臣、秦凯、圆常龙等。东岳大帝在民间传说中还有不少子女，其中第三子被加封为炳灵公，女儿被加封为碧霞元君，都在民间有着广泛的信仰。

## 关圣帝君驱鬼魔

关圣帝君是宋代以后中国道教和民间信仰中的大神，其原型是三国时期蜀汉的大将军关羽。关羽，字云长，为蜀汉五虎上将之首，忠义勇武，死而后已，他的事迹长期在民间流传，他也逐渐被神化。小说《三国演义》对关公崇拜产生过很大推动作用。据《三国演义》描写，关公在麦城被吴国大将吕蒙所杀，其子关平与部将周仓一起殉难。关公的魂魄飘荡至玉泉山（今湖北当阳县境内），得普静法师指点，之后便常在玉泉山显灵护民，

◎ 关公夜读《春秋》

因此当地人很早就立庙祭祀他。关公曾与刘备、张飞桃园三结义，平生喜读《春秋》，一生为人"仁、义、礼、智、信"具全，被视作忠义化身，是封建时代的理想化人物。由于显灵驱魔的传说不断出现，宋代皇帝开始加封关公，元明清也有多位皇帝为他加封爵号：

1102年，即徽宗崇宁三年，进封关公为"忠惠公"，1108年，即大观二年，复封关公为"武安王"；

1128年，即南宋高宗建炎二年，封关公为"壮缪武安王"，1188年，即南宗孝宗淳熙十五年，封关公为"壮缪义勇武安英济王"；

元文宗天历元年（1328）封关公为"显灵义勇武安英济王"；

1614年，即明神宗万历四十二年，加封关公为"三界伏魔大帝神威远镇天尊关圣帝君"；

1644年，即清世祖顺治元年，封关公为"忠义神武关圣大帝"；1788年，即清乾隆五十三年，加封关公为"忠义神武灵佑关圣大帝"；1879年，即清德宗光绪五年，给关公的封号为"忠义神武灵佑仁勇威显护国保民精诚绥靖翊赞宣德关圣大帝"，长达26字。

从帝王连续不断的加封也可以看出，关公信仰在民间获得的崇拜持续升温。实际上，各地的关帝庙建了很多，马书田先生在《中国道教诸神》一书中说，旧时北京城内关帝庙数量最多，有116座；排名第二的是观音庙，有108座；其次是真武庙、土地庙，数量也都在四五十座之间。在全国这种情况大概也差不多。关帝信仰如此普遍，跟他的神格功能日益增多有关，人间之事无论巨细，小到寻找失物、诅咒仇家，中到祈求子嗣、治病救人，大到统军征战、国运兴衰，人们都会到关帝庙上香求拜，祈祷保佑。清代以来，关公成为武财神之一，这无疑又增加了关公信仰的群众基础。近年，关公信仰再度兴盛，跟他的财神职能有着很大的关系。

## ✿ 三官大帝赐福禄

三官大帝，即天官、地官、水官，也称"三官"，为道教较早信奉的高上大神。道教称：天官赐福，地官赦罪，水官解厄。道教将三官大帝诞生的日子定为"三元日"，所以三官大帝也称"三元大帝"。

天官大帝，全称"上元一品九气天官赐福紫微大帝"，诞生于正月十五，即上元节，所以又称上元天官。天官在上元日降临人间，向世人赐福。地官大帝的全名是"中元二品七气地官赦罪清虚大帝"，诞于七月十五日，即中元节。地官总领五岳神仙，每逢七月十五日即来人间普渡孤魂野鬼，为人赦罪。《修行记》说："中元日，地官降下，定人间善恶，道士于是夜诵经。"水官大帝全名为"下元三品五气水官解厄洞阴大帝"，诞生于十月十五，即下元节。水官由风泽之气和晨浩之精结成，总主水中诸大神仙，每逢十月十五来到人间，为人消除灾厄。

关于三官大帝的来历,《历代神仙通鉴》说:元始天尊取得了始阳九气、清虚七气、晨浩五气,一起吸入口中,在腹中融合,经过九九之期,结为灵胎圣体,于正月十五吐出一儿,又于七月十五吐出一儿,再于十月十五吐出一儿,这三个儿子就是尧、舜、禹,在天地之间都有很大的功劳,是万世帝王的楷模,后被加封为三元大帝。

在《三教源流搜神大全》中还有另外一个说法:有个名叫陈子寿的男子,相貌非常漂亮,被龙王爷看中了,就把自己的三个女儿嫁给陈郎。三个女儿各为陈子寿生下一个儿子,都神通广大,法力无边,后来分别被封为上元大帝、中元大帝、下元大帝。这个说法在民间更为流行。

◎ 天官

## ❀ 天妃娘娘佑航海

崇福道院观音殿二层是娘娘殿,中间还天妃娘娘,她的形象跟送子观音很相似,白面红腮,头戴镶嵌珍珠的蓝色凤冠,身披粉色衣袍。天妃娘娘,亦称"天后娘娘",简称天妃、天后,俗称妈祖。天后信仰始于宋代福建沿海地区,她被当做海上航运的保护神而加以崇拜,南宋时期随着海运

◎ 天妃娘娘

客商的到来而传入上海地区。来自福建、广东的客商奉祀天后尤其虔诚，本地的渔民也前来烧香祭拜。

上海地区祭祀天后的特色之一是隆重的庙会演戏娱神活动。顾翰《松江竹枝词》道："天后宫里起笙歌，商贾纷纷祭赛多。"秦荣光《上海县竹枝词》道："东门外搭彩棚多，庆祝天妃圣诞过。"这里写到的天后宫里的"笙歌"，上海大东门外的"彩棚"，都是上海人祭祀天后的隆重场面的缩影。又有李林松《沪渎竹枝词》道："满城箫鼓一时喧，海舶频来天后尊。"指出天后庙会前来祭拜的多是出海行船之人，那场面之大已是"满城箫鼓一时喧"，显然是全民参与了。

由于天后是女神，有不少善男信女向她祈求子嗣，所以她经常被放在娘娘殿，与送子观音并排而立。近代以来，上海地区的渔民减少，航运有了大货轮，安全有了充分保障，对天后的信仰逐渐转向以祈求子嗣为主了。

# 地方神仙香火旺

　　崇福道院供奉的神仙有几位是上海本地的,如上海城隍秦裕伯、欧寿王、北赵老爷等,也有几位是江南地区信奉较多的神仙,如刘猛将、施相公、吴老先锋等,他们在北方的道观中或许并不多见,但在江浙沪地区香火很旺。这些神仙在殿堂中占有多个神位,显示了崇福道院的地方特色。

# 城隍神：保护生民佑一方

崇福道院的"城隍大神"出现在三清殿一层大厅的神龛内，在玉皇大帝神像的右侧。城隍神是一种地方性神灵，也是城市保护神，管理一方生灵在阴间的"户籍"，本邑居民的生老病死都在他的掌管之下。

上海县城隍名叫秦裕伯，元末明初人。秦裕伯（1295—1373），字景容，原籍河北大名府。1344年，即元至正四年进士，秦裕伯官至福建行省郎中、行台侍御史等职。元朝末年天下大乱，他弃官居住扬州，后来迁至上海县陈行镇。朱元璋建立明朝后，两次征召秦裕伯出来做官，秦裕伯因

◎ 道院墙壁上的松鹤延年浮雕

◎ 秦裕伯纪念馆

为曾在元朝做官二十多年，现在背弃旧朝而做新朝的官属于不忠，况且自己母亲还处在丧期，外出做官属于不孝，所以两次托病辞谢。《明史·文苑列传》记载：明太祖朱元璋后来又亲自书写手谕，第三次征召秦裕伯。他在手谕中写道："海滨之民好斗，裕伯智谋之士而居此地，苟坚守不起，恐有后悔。"这"恐有后悔"四字，意思是将来恐怕会发生让你后悔的事情，话里含有逼迫、威胁之意——对秦裕伯个人是一种逼迫，而对所谓"好斗"的上海县民则是威胁。秦裕伯看到朱元璋的手谕后，涕泪横流，不得已只好跟着朝廷的使者一起进京。他先是被授予侍读学士，得到朱元璋的宠信，第二年改任待制，随即又改为治书侍御史。1370年，即洪武三年，明朝开始举行科举考试，秦裕伯与御史中丞刘基一起做京畿的正副主考官。秦裕伯博辩善论，每次奏事都能让朱元璋满意，多次得到朱元璋的称赞。后来他出任陇州知州，卒于官任上。

关于秦裕伯之死，《明史》所载未必准确，上海还流行一种说法：秦裕

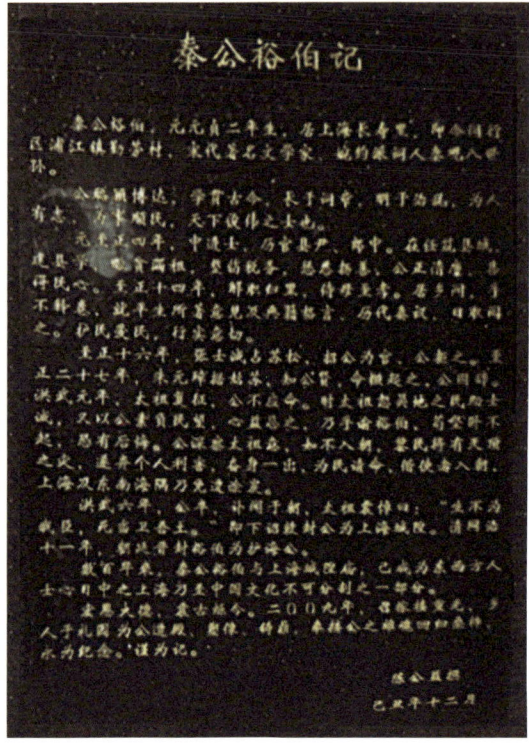

◎ 秦裕伯纪念馆内的碑记

伯出任陇州知州之后，因有病辞官，返回上海县，晚年住在浦东陈行的长寿里自己家中。据浦东当地传说：长寿里新建一座石桥，秦裕伯题名"大通"，乡民称作"裕伯题桥"，简称"题桥"，今浦东"题桥镇"之名便由此而来。《三林乡志残稿》记载："（题桥）在陈家行东三里……桥跨周浦塘北之长浜，石建，名'大通'。相传元至正间，秦裕伯题，其地因名'裕伯题桥'。"倪绳中在《南汇县竹枝词》中写道：

裕伯题桥品望纯，两全忠孝是完人。
御书三聘三高峻，亮节流传里外秦。

后来秦裕伯病死家中，他的墓地就在题桥镇南长寿寺西侧。上海县原本没有自己的城隍神，他死后被朱元璋加封为上海城隍，封号是显佑伯。因为秦裕伯两次拒绝明朝的征召，朱元璋在加封他的时候曾说："生不为我臣，死当卫我土。"意思是说：你秦裕伯活着的时候不愿做我的臣子，死了也得护卫我的疆土。其实，朱元璋加封秦裕伯为城隍神只是一个传说，因为"显佑伯"本来就不是上海城隍的专有爵号，而是明朝给天下所有县级城隍神的共同爵号。所谓"里外秦"，是说秦裕伯的子孙居住在浦东的题桥、陈行、闸港一带，有直系、旁系的区分。清末上海名士秦荣光是陈行

人,他是秦裕伯的旁系后裔。秦荣光在《上海县竹枝词》中说:"明初改奉城隍祀,忠孝为神我祖宜。"他说自己的从祖秦裕伯,因为忠孝两全,符合成神的标准,所以死后被尊奉为上海县城隍神。这跟倪绳中的说法是一致的。

上海县城隍神有很多显灵的传说。徐珂《清稗类钞》中就讲了一个秦裕伯显灵救活上海一县生灵的故事:

> 1653年,即顺治癸巳年,海寇侵犯上海县,苏州总兵王燝领兵督战,却打了败仗,上海百姓聚集起来骂他无用。随后,江苏巡抚周国柱统兵来到上海,王燝害怕百姓暴露出自己贻误战机而吃败仗的真相,就在周国柱面前倒打一耙子,说上海县百姓都与海贼勾结,他提出将浦南到静安寺一带的百姓尽数屠杀。当时海边一带还不安定,周国柱受到王燝的蛊惑,准备动手屠杀上海县民。县令阎绍庆、遂安令曹垂灿都愿意用自己家族上百口人的性命担保,说上海县民绝无与海贼勾结之事,周国柱仍不信,并已下令次日黎明放纵官兵开始行动。这天夜里,上海城隍神身穿红色官袍,手拿象牙笏版,降临官衙,严肃地站立在台阶下,双目直视周国柱,一再摇头。周国柱受到城隍神的启示,最后放弃了屠戮县民的打算。

类似这样的显灵故事还有很多。上海开埠以后,几十年间从一个小县城发展成了一座国际性大都市,很多人在这里发家致富,甚至身价万亿,有人就认为这是因为上海城隍神灵验,有求必应,所以才保佑本地百姓发达起来。所以,近代以来上海城隍庙的香火一直都很旺。"文革"期间,上海城隍庙被国营百货公司占用,城隍庙大殿被用作老庙黄金的首饰店,不过仍有些市民到大殿附近烧香叩拜。老庙黄金顺应上海人对城隍神的崇拜心理,打出"老庙黄金,给你带来好运气"的广告语,起到了很好的宣传效果,不少市民相信戴上老庙黄金的首饰会得到城隍老爷的保佑,所以特意到城隍庙买黄金饰品。

  1994年，上海落实国家宗教政策，城隍庙房屋归还给了上海市道教协会，经过修葺后重新开放。现在，上海城隍庙是上海市最重要的道观之一，这里的香火很旺，新年期间尤其如此。不少上海人由于历史的原因长期居住在海外，他们一回到上海，就会到城隍庙烧香祈福。上海人的城隍信仰是根深蒂固的。

  浦东三林镇原本有两个城隍庙，西城隍庙奉祀的是松江府城隍李若水，东城隍庙奉祀的是上海县城隍秦裕伯。崇福道院跟上海境内的很多道观一样，殿堂里供奉有上海城隍神秦裕伯的神像。各种显灵传说让上海城隍神一直得到境内民众的虔诚信仰。

# 刘猛将：驱捕蝗蝻是虫王

崇福道院内刘猛将及其随侍多次出现在各个殿堂，而出现次数多是民众信仰多的标志之一。刘猛将是江浙沪地区很受崇拜的神灵，他的名号有上天王、吉祥王、宁海侯、扬威侯等多种。据《嘉兴府志》记载：雍正年间刘猛将被国家列入祀典，同治年间皇帝赠赐刘猛将"普佑上天王"的匾额。刘猛将的主要职能是驱捕蝗虫，还兼有保佑风调雨顺、渔民安全生产、蚕业丰收等职能。可以看出，这些职能都跟江南地区的农业、渔业、养蚕业有关，贴近民众的生产和生活，这应是刘猛将广受崇拜的原因所在。

一般来说，民间信仰的神灵都有姓氏，还有一些传奇故事。刘猛将姓

◎ 刘猛将

◎ 苏州东山的刘猛将出巡

刘应没有问题,但他叫什么名字,是何方人氏呢?这个问题有好几个答案,如刘鞈、刘锜、刘锐、刘宰、刘承忠等,比较流行的说法是刘锜和刘承忠。

刘锜,甘肃人,南宋初年,他跟岳飞一样是抗金名将。《宋史》中有《刘锜列传》,记载刘锜一生的戎马生涯。刘锜对金人作战最大的胜利是坚守顺昌城(今安徽阜阳),大败金兵,重创了金兀术的王牌骑兵"铁浮图"和"拐子马",暂时保卫了江淮地区的安全。后来由于秦桧、张俊等人排挤,刘锜忧愤致病,吐血而死。淮北、淮南、江南地区的人民为刘锜塑像建庙,殷勤祭祀。

或许是由于刘锜顺昌之战以少胜多,打退了如蝗虫一样的几十万金兵,江淮之间出现蝗灾的时候,百姓就祭祀刘锜以驱除蝗螟,他也就成了驱蝗神(也称虫王)。据《灵泉笔记》记载:1263年,即南宋景定四年,宋理宗加封刘锜为扬威侯,天曹猛将之神,敕令他消灭蝗灾。华东、华北各地都把刘锜当做驱蝗猛将,如《如皋县志》记载:"刘猛将军,即宋将刘锜,旧祀于宋。以北直、山东诸省常有蝗螟之患,祷于将军,则不为灾。"江苏省无锡市南圩沟过去有刘猛将军庙，庙联是："卧虎保岩疆，狂寇不教匹马返；驱蝗成稔岁，将军合号百虫来。"庙中的刘猛将显然就是刘锜。江苏武进县的刘猛将军庙联是："破拐子马者此刀，史书麻扎；降旁不肯以保稼，功比蓐收。"上联赞扬刘锜生前的抗金功勋，下联称赞他成神后驱捕蝗虫保护庄稼的功能。

另一个后起的刘猛将是刘承忠。据《畿辅通志》记载，刘承忠是广东吴川人，诞辰是正月十三。他生活在元朝末年，曾做过指挥使，有猛将之号。江淮地区发生蝗旱之灾，他带兵捕捉蝗虫。元朝灭亡后，他投河而死，当地人把他当做神灵来祭祀。《歙县志》也有类似记载：刘猛将军名承忠，直隶吴川人，元末指挥使，很年轻就在军中服役，兵不血刃就能破敌制胜。当时江淮千里之间遍布飞蝗，他挥剑追逐，把蝗虫驱逐出境。元朝灭亡后，他投河而死。地方官奏请朝廷，朝廷加封他为"猛将军"。其实，刘猛将被说成是刘承忠，到清朝才有记载。据《清史稿·礼志三》记载：雍正时期，各省都祭祀刘猛将军，即元朝人刘承忠。有一年直隶总督李维钧向皇帝奏报："发生蝗灾！"当地百姓到刘猛将军庙祷告，飞蝗就消失了。于是雍正皇帝下诏各省立庙祭祀，此后越来越多的地方建起了刘猛将的祠庙。

现在，很多地方都把刘猛将说成是刘承忠，并在他的诞辰日举行庙会。苏州地区对刘猛将的祭祀非常普遍，几乎每个村子都有猛将堂、刘猛将庙。太湖之滨的东山乡每年有两次猛将巡游活动，一次在正月十三前后，另一次在六月二十四。据《东山乡志》载：正月初一清早，农民抬着猛将塑像巡游，仪仗队伍以杏黄大旗引导，沿途敲锣打鼓，每到一村，先绕村游行一周，燃放鞭炮，然后拿着刘猛将的"帖子"与该村庙里的猛将"互访"，互道吉祥。正月初九是热闹的猛将"抢会"，抢会以村为单位，各村选出身强力壮、机智灵活的人参加。先将各村小猛将塑像集中在塘子岭上，主持抢会的人将杏黄大旗往空中一招，抢会者立即将本村的猛将背起，狂奔到岭下，这时"万头攒动，脚步雷鸣，人声鼎沸，势如潮涌"，哪个村的抢会者先到达岭下，他们就争到了第一名。争到第一的村子获得了抬着"猛将会"的大猛将神像绕东山乡巡行一周的权利，并最后供奉在自己村中，这

◎ 苏州东山游猛将

是本村至高无上的荣誉！正月十三是刘猛将的生日，这一天在猛将庙中点燃巨烛，摆满荤素祭品，举行隆重的祭祀仪式。正月十五元宵节，各村上灯，猛将堂前立一大竹竿，挂起"塔灯"（一串吊起来的大灯笼）。至此，春节"猛将会"活动才宣告结束。

嘉兴市涟泗荡的刘王庙，每年清明和农历八月十三（当地认为这天是刘猛将的诞辰）举行两次刘王庙会，也称作"网船会"。当地相传：元朝末年江浙一带蝗虫泛滥成灾，刘承忠将军率领官兵与百姓一起扑灭蝗虫，然后又组织生产自救，带领部下和百姓下湖捕鱼捉蟹、摸蚌捞虾度荒年，刘承忠因劳累过度，不幸溺死于嘉兴连泗荡中。当地百姓对刘将军感恩戴德，为刘将军塑像，称他刘猛将军，尊称"刘王爷"。因为刘猛将死在水中，所以渔民都把他当做水上生产的保护神。"网船会"期间，最热闹的活动是刘猛将出巡，当地人抬起刘猛将神像，以杏黄大旗为引导，敲锣打鼓绕村一周。仪仗后面是各地赶来参加庙会的民众组成的社团，他们一边巡游一边表演。出会的队伍，在"御灾捍患"、"保国爱民"牌子的开道下，前有"行牌"十副，上面绘有各种神仙故事；中间是刘猛将的銮驾，两侧是刀、枪、

◎ 浙江嘉兴的网船会

剑、戟等十八般兵器护卫；后面是高跷、花灯等民间歌舞；最后是"扮犯人"的男女随从。游行的队伍分为男女两队，男队着青绿衣，黄带束腰，女队红衣戴花，绿带束腰，持胡琴、琵琶、锣、鼓等各种乐器演奏。近年，每次庙会都有数万名民众加入巡游队伍，热闹场面为当地之最。

上海过去也有很多猛将堂、刘猛将军庙，也同样有刘猛将出巡活动。汪巽东《云间百咏》赞扬刘猛将道："驱蝗死后著高勋，生畜扬威颍水溃。"汪巽东说清末时松江府有七座刘猛将军庙，实际上远远不止这个数，因为民国初年川沙县就有4座刘猛将庙，奉贤县也有7座，上海县也有多座。上海多数地方也以正月十三为刘猛将诞辰日，这天要举行祭祀活动。蒋通夫《上海城隍庙竹枝词》写道：

元时沉水猛将军，逐疫驱蝗是有神。
正月十三为诞日，冬来三戌祀佳辰。

  蒋通夫在诗后说,刘猛将是元朝的刘承忠,以正月十三为诞辰,每年这一天及冬至后三戊日,地方官都来祭拜。过去上海一带地方也常有蝗灾,每逢蝗虫为害时,乡民就抬出刘猛将神像巡游,用来驱捕蝗虫,消除蝗灾。不过,从"逐疫驱蝗是有神"这句来看,上海人还把刘猛将视作能治病的神仙,加上保护渔民、蚕业,保佑风调雨顺等职能,他的神格已经多元化了。

  崇福道院以三月十六为刘猛将圣诞日,并以八月十五为上天王圣诞日,这两天庙里举行醮仪,祈祷刘猛将保佑风调雨顺、国泰民安。

地方神仙香火旺

# 施相公：医治疾病保健康

施相公在真武殿神龛中，他头戴兜鍪，身着黄色披风，是一位武将的形象。神龛下面的简介文字是："镇海侯施相公，本名施全，宋朝时将军，明朝敕封'护国镇海侯'，立庙祭祀，清代以后，施相公传说有治病功能，凡信徒求之皆灵验。"这是关于施相公的多种说法中比较流行的一种。

施相公是上海地区很受崇拜的地方神仙，浦东有施相公庙、施王庙几十座，松江的蛇王庙奉祀的也是施相公。有人认为"施相公"就是"湿相公"，也就是蛇神，所以也称他"蛇王"。实际上，在崇福道院的真武殿中另外还有一个蛇王塑像，也是被人当做施相公来看待的。过去上海人到惊蛰这天都会到施相公庙进香，买蛇王符，上面印有"蛇明皇宝印镇宅"的字样，回家贴到大门上，据说可以起到驱蛇、避蛇咬的作用。这些都表明，施相公信仰中含有蛇崇拜的内容。

不过，关于施相公的来历还有其他一些说法，如说他是施伯成、施谔、施挺、施全、施岑等。

至元年间的《嘉禾志》称施相公为"施府君"，说他是宋代人，名伯成，九岁就成神了。1553年，即元朝景定五年，他被敕封为灵显侯，明朝又敕封为镇海侯，各地为他立庙，他很灵应。

乾隆年间的《华亭县志》载：施相公名叫施谔，是宋代儒生，一日在山里面捡到一个小卵，后来小卵孵出一条蛇，等它长大后，施谔把它放入竹筒中。有一天，施谔去京城参加科举考试，这条蛇偷偷跑出来乘凉，众人看到金甲神在施谔的寓所里，惊呼"有妖怪"，都手持兵器前来攻击它，却无人是它的对手。众人向大官员禀报，大官员带兵前来，也不是它的对

◎ 上海枫泾古镇的施王庙大殿

手。施谔考试结束回来后知道了这件事,他说:"这是我的蛇,大家不用担心。"然后叱叫一声,蛇就突然缩小身体钻进竹筒。大官员很奇怪,他心想:"施谔能这样驾驭这条蛇,他还有什么不能做到呢?"他连忙奏报朝廷,施谔被立即处斩。那条蛇发怒了,为了给主人索命,一连打伤几十个人,伤情都无法治愈。不得已之下,这位大官员请朝廷封施谔为"护国镇海侯"。施谔生前特别喜欢吃馒头,便做了一个巨大的馒头来祭祀他。这时,这条蛇盘绕到大馒头上面死去。至今祭祀的时候,都会把蛇形馒头放在他前面,俗称"盘龙馒头",祈祷时要称呼施谔为"施相公"。

还有一种说法,认为施相公是明朝末年崇明县(旧属太仓州)人施挺。《太仓州志》载:1522年至1566年,即明嘉靖年间,倭寇多次侵犯长江口外的海岛,崇明、横沙诸岛上居住的百姓深受其害,施挺率领乡民奋起反

◎ 枫泾施王庙主祀施全

抗，打击倭寇。他身先士卒，不幸战死，后被封为"护国镇海侯"，崇明、太仓等地先后修起施相公庙祭祀他。

最流行的说法认为施相公是岳飞手下的施全将军。岳飞被陷害致死后，施全为了给岳飞报仇，于1150年，即绍兴二十年正月初九埋伏在众安桥下，在秦桧上朝路上，奋起刺杀秦桧，可惜没有成功。这件轰动一时的大事在《宋史·高宗本纪》也有记载："二十年春正月丁亥，秦桧入朝，殿前司军士施全道刺之，不中。壬辰，磔全于市。"也就是说，施全是在正月初九那天刺杀秦桧不中被捕的，仅仅五天之后，也就是正月十四那天，他就被处以磔刑（车裂），在大街上当众执行。在岳飞的冤案被平反昭雪之后，施全的壮烈之举也为人们所铭记，并被广泛传颂。

清朝初年，钱彩的小说《说岳全传》第七十回，就描写了施全刺杀秦桧不成而被处死的情节：

  且说施全在太行山,日夜思量与岳爷报仇。一日别了牛皋,只说私行探听。离了太行山,星夜赶到临安,悄悄到岳王坟上,哭奠了一番。打听得那日秦桧在灵隐寺修斋回来,必由众安桥经过,他便躲在桥下。那秦桧一路回来……看看进了钱塘门,来至众安桥,那坐下马忽然惊跳起来。秦桧忙把缰绳一勒,退后几步。施全见秦桧将近,挺起利刃,望秦桧一刀搠来。忽然手臂一阵酸麻,举手不起。两旁家将拔出腰刀,将施全砍倒,夺了施全手中之刀,一齐上前捉住,带回相府来。……

  且说秦桧吃这一惊不小,回至府中,喘息未定,命左右押过施全来到面前,喝问道:"你是何人?擅敢大胆行刺?是何人唆使?说出来,吾便饶你。"施全大怒,骂道:"你这欺君卖国、谗害忠良的奸贼!天下人谁不欲食汝之肉,岂独我一人!我乃堂堂丈夫,行不更名,坐不改姓,岳元帅麾下大将施全便是。今日特来将你碎尸万段,以报岳元帅之仇。不道你这奸贼命不该绝!少不得有日运退之时,看你这奸贼躲到那里去?"秦桧被施全千奸贼、万奸贼,骂得做不得声。随叫拿进大理寺狱中,明日押赴云阳市斩首。

  《说岳全传》描写了施全刺杀不成而怒骂奸贼的威武形象,不过与历史记载也有不同之处,如小说中的施全是"明日"被"斩首"的。总的来说,作为一部历史演义小说,其史实成分还是不少的。《说岳全传》的第八十回,写宋孝宗为岳飞平反之后,也加封了岳飞的部下:"施全封众安桥土地,加封兴明福主。"众安桥就是施全行刺的地方,所以他被加封为这里的土地神。事实上,施全在民间早就被当做神灵来供奉了,到清朝,朝廷把对施全的祭祀纳入国家承认的祭祀体系。《清史稿·礼志三》:"仁和祀宋施全为兴福庙神。"仁和县城就在杭州城内,这个县把施全当做兴福庙的主神来祭祀,与《说岳全传》中的封号也差不多。杭州城内众安桥下有施全的祠庙,直到20世纪五六十年代,众安桥下的"施将军祠"还在,只有一间房的门面,里面是施全戎装的坐像,相貌、铠甲和兵器都是按照《说岳全

◎ 施王殿内塑的白马，据说是施全在阳间的坐骑

传》的描写塑造的。

施伯成、施谔、施挺、施全虽都被说成施相公，可是他们都与治病救人无关，跟施相公的神格职司不相符合。这里便要介绍另外一个名叫施岑的人了。施岑也是《说岳全传》中的人物，他一直到第七十九回才出现，所起的作用却非同小可。施岑是许真君的徒弟施仙师，他"头戴九梁冠，身穿七星道袍，坐下一匹分水犀牛，手执一把古定剑，生得仙风道骨"，自称是"蓬莱散人"，特长是医治伤病，也善于擒拿妖兵魔将。施岑在岳霖等人遇到危难之时，及时出现在战场上，不仅治好了受伤将领的伤痛，还活捉了乌灵圣母，让金兀术失去了一员魔将，最后被宋军打得大败。这个施岑的法术，后来可能被附会到了施全身上，使施全也有了行医治病的职能，并成为施相公的基本神格特点。

上海地区过去有上百座施相公庙，其中最有名的当数奉贤县柘林镇西湾村和金汇镇白沙村两座，它们在过去都有规模盛大的施相公庙会，每年

◎ 黑马是施全在阴间的坐骑

十月十四、二十四两次施相公出巡活动，都是当地的盛事。施老爷出巡所到之地，万人空巷，家家扶老携幼，或路边观看，或参加到巡游队伍中来，场面热烈，其他地方难以比拟。

　　过去三林镇有个三林庙，大殿里就是被称作靖江王的施老爷，每年四月初四，附近群众都不约而同来到庙中烧香，叩拜施老爷保佑身体健康，百病不生。相传施老爷原是三林的一位老郎中，家住三林塘的草庵桥（现在的三民村），他医术高明，常能药到病除，起死回生，远近百姓都来找他看病，他声誉很好，门庭若市。有一年春天，浦东出现了一种怪病，患者身上长满了白花花的条纹，奇痒无比，抓搔之后就条纹破裂，皮屑脱落，直至流血而死。施老爷从来没有见过这样的怪病，但是很快就有多人因为染上怪病死去。他感到事情严重，就外出查访怪病最先发生的地方。他来到东方的海边，找到不少患者，确定疫情就是从海边流行开的。第二年早春时节，疫情还没有爆发，施老爷早早来到海边观察情况，他看到从海上飘来的灰色云雾中间有一条怪物翻滚，云雾消散后，河水被怪物吐出的云雾污染了。他告诫父老乡亲不要饮用河水，都要自己打井取水。不过，就在这天早上，他已经染上了怪病，浑身瘙痒难耐，花纹随之出现。施老爷知道自己在世之日不多了，他决心豁出性命也要杀掉怪物，为民除害。于是，他腰插利刃数把，手中紧握匕首，一大早来到海边，寻找怪物。恰好此时怪物又在空中喷吐云雾，施老爷冲到空中与怪物厮杀。半晌之后，云开雾散，人们在海边发现施老爷躺在地上，他的身边是一条孽龙，孽龙的肚子上被刺入几把匕首，僵死在地上。从此以后，浦东地区再也没有发生过这种怪病。人们为了感激施老爷舍身救民的壮举，就在祠堂内为施老爷塑像，常年香火供奉。后来又另外建造了三林庙，奉施老爷为靖江王，年年在他的诞辰日举行庙会。

上边这个传说把施老爷说成了三林本地的名医。这是一个很有意思的现象，因为我国的很多地方性神仙都有这种被描述成家乡人的故事，并因而增强了本地居民对他的认同和信仰。

上海地区对施老爷还有一些有趣的传说，如有人说他喜欢吃庙坛上的祭品，也喜欢饮酒。汪巽东的《云间百咏》写道：

> 为谔为全总未真，杨梅乍对已成神。
> 相公岂是贪杯杓，惯作堂前伴食人。

汪巽东认为，说施相公是施谔、施全都不可当真，其实他是那位九岁就成神的施伯成。在诗后的小注中，汪巽东说：说施相公喜欢神坛前的祭品，有了祭品他一定出来享用，因而被人们称作"陪堂施相公"。上海师范大学的范荧教授认为，这中间可能含有鼠神崇拜的影子。当然，作为一位神仙，施相公的主要职责还是为人们医治各种疾病，至于他的原形、来历、姓名、爵号等，已经众说纷纭、难以厘清了。

# 金元总管：护航散粮救本乡

崇福道院还有几位地方性的神仙，是上海地区所特有的，如吴老先锋、玉府大神、欧寿王、北赵老爷等，他们的职能也跟上海地区过去的生产、生活密切相关，因而得到本地民众的崇拜。

吴老先锋的神像在灵官殿，神前的说明是："主司江河湖泊航运，保佑风调雨顺。"道长们说他属于总管神之一。"总管"是元朝设置的官职，相当于郡守（相当于现在的地市级行政长官），管理一个地方的军、民、司法等事务，权力很大。有的总管为人民做过好事，人民就给他建"生祠"，就是在他活着的时候就给他建庙供奉，他死后就被称作"总管"，于是江南民间就出现了"总管神"。江南地区崇拜的金元总管情况比较复杂，有"金元七总管"、"金元六总管"等说法。《苏州府志》载：总管神是河南开封人，姓金名和，北宋末年随

◎ 吴老先锋

宋高宗南渡，侨居在苏州（吴地），死后被尊奉为神。他的儿子、孙子、曾孙也有多人被奉为神灵，其中有六人或七人被南宋皇帝加封为灵祐侯、洪济侯、利济侯、宁济侯等爵号，说法不一，所以金元总管有七总管、六总管之不同。这当然只是后人对"金元总管"来历的一种解释。

但是，金元总管第一位成神的人名叫金和，他怎么又成了"吴老先锋"呢？有两种可能：一是因为他带领子孙来到吴地居住，是来吴地的先锋，在口头传说中后来被说成了吴老先锋；二是因为有一位名叫吴宪卿的人，他被封为总管，人们称他"吴总管"，吴老先锋可能是这个吴宪卿。乾隆年间的《湖州府志》载：吴宪卿是元朝人，元贞二年（1296）在赣州有战功，被授予朝议大夫之职。他死后，赣州发生了叛乱，浙江平章张驴前去讨伐。张驴忽然看到空中旌旗蔽日，还有吴宪卿的名号，于是官兵声威大震，一举平定了叛乱。张驴将得到吴宪卿神兵相助的事情上奏朝廷，元仁宗便加封吴宪卿为总管，即吴总管。

这位吴老先锋是上海一带民众对金元总管的一种地方性称呼。实际上，金元总管是一位水神，主要保护江河上的航运。苏杭一带是历史上漕运粮食到达北京的出发地，也是运河必经的通道。主管漕运皇粮的官员，一方

◎ 玉府大神

◎ 欧寿王

面要保护押运粮食的船工的安全，另一方面也要保护皇粮的航运安全。有关金元总管的传说，总跟这两个方面有关。有故事说金元总管曾经在漕运路上杀败拦路劫粮的土匪，救了船工的性命。有的故事说他发现江南出现灾荒，他私分皇粮后，救活了一方百姓，后来为了自己承担责任就跳河死了。也有地方（如上海金泽镇）说他得知灾荒严重，就向灾民分发皇粮，同时积极向朝廷如实禀报灾情，后来皇帝减免了当地的赋税，还表彰了他的敢言直谏的做法。因为私分皇粮之举，他被当地百姓当做大恩人，死后奉他为神灵。由于金元总管中间有"金元"二字，有的信众望文生义，认为他是总管金钱的神仙，因而就把他当做财神来叩拜了。

上海地区的多座道观有金元总管神像，金泽古镇还有一座总管庙，里面有总管神、总管夫人的塑像，一年到头前来进香的人络绎不绝，初一、十五的香火尤其旺。

玉府大神也属于金元总管一类的神仙，崇福道院又称他是"顺济侯金相公"，对他的介绍是："本名金三，明末松江人，曾任朝廷押运漕粮的官吏，因为私分皇粮拯救灾民，独自承担责任而投河，百姓感其恩德，自发修建庙宇，奉之为神。"

另外，崇福道院的真武殿内还有欧寿王，是浦东高桥一带的地方神，崇福道院对他的介绍是："地方神，相传北宋时有一船民夜航，突遇风浪，忽见远处似有灯火，循此前进，得以脱险，上岸后不远处有欧寿王庙，船公认为是庙神显灵。高桥地区每年农历三月二十八有庙会。"欧寿王是高桥镇一带八位土地神之一，当地有"欧寿王庙"。据说欧寿王就是北宋的著名文学家、政治家欧阳修，所以他的塑像是头戴官帽的官员模样。

◎ 北赵老爷

崇福道院的真武殿内还有北赵老爷及其夫人，他们是上海宝山区的神仙，宝山居民被动迁到三林一带居住，原来的神庙被毁，居民就把庙里的神仙迁到崇福道院，供奉在神龛里。

三清殿内的杨相公也是一位地方性神灵，他原本是湖南洞庭湖的水神，原型应是杨泗将军，也就是南宋初年的农民起义领袖杨幺，死后被当地百

◎ 杨相公

姓奉为神灵,后来随着湖南人的到来而传入上海。还有一种说法:杨相公是杨四将军,也就是杨家将中的杨四郎,这种说法显然受到了《杨家将演义》的影响。

崇福道院还有吕纯阳(洞宾)、龙王、龙王太子等多位重要神灵,因为他们的故事已经广为人知,这里就不再逐一介绍了。

# 圣堂庙会动四方

崇福道院一年当中有新年、清明、三月半、七月半、冬至等多个香汛，尤以三月半的香汛最旺，其他几个香汛也不逊色。我国人民有新年进香的习惯，每到除夕、春节便到庙里拜神祈福，希望在新的一年平安顺利，心想事成。春节期间还有接财神、拜太岁等习俗，道院里也有财神醮仪、拜太岁醮仪等，为信众祈求财运，破除灾星，逢凶化吉，赐福无量。

# 烧烧圣堂香　投个好爷娘

每年农历三月十五前后的圣堂庙会期间,广大信众都来圣堂进香拜神。相传崇福道院的神仙特别灵验,有民谚"烧烧圣堂香,投个好爷娘",意思是说,到圣堂烧过香、拜过神之后,今生可以得到神灵保佑无灾无祸,死后可以免除地狱之苦,来生还可以投个好胎,托生到一个好人家。

每年的清明、冬至,道院都举行黄箓超度法会,祈祷国泰民安,世界和平,生者平安,亡灵安宁。七月半举行太平公醮法事,道士拜表、解星、普灯、炼度,解除地狱苦难生灵,抚慰一切无助亡魂,将孤魂野鬼度往彼

◎ 崇福道院的道长在布置法坛

岸世界。以前崇福道院的七月半太平醮会是三林镇的一大盛事,法事要进行一天一夜,前来进香、烧银锭、烧包袱的人很多。清代三林人陈师咸《西林商家月令竹枝词》写道:

> 七月三林络纬啼,布庄收布把梢题。
> 太平打醮竿收锭,宝塔莲灯铛铛齐。

七月的三林镇除了收购布匹这项经济活动之外,就是崇福道院的打太平醮这项宗教活动。烧纸做的银锭、铜钱和纸扎宝塔,夜晚到水边放莲灯,赈济孤魂,救助野鬼。过去道院在七月十五这天打太平醮要持续一天一夜,当然,现在已经压缩了时间,但也要连续举行十多个小时。

1992年的农历七月十五,朱建明在崇福道院调查了当天举行的太平公醮法事,后来他在《上海圣堂道院及其太平公醮考察纪实》一书中,详细描述了整个法事的过程。这个法事包括事前准备,如贴出告示、告知道长和香客做好各种准备等。道长要做的包括抄写经忏,演练乐器,通知外院道士前来操练科仪,书写各种文疏、符书、文告,备好香火纸扎,准备圣水,准备血湖法事及施相公、孤魂台的祭桌,膳房准备食物等。香客要准备的事情

◎ 道院举行祭圣祖仪式

有：通知亲友、筹集款项、购买或制作供品、帮助道院装饰、清洁神像等。当日的醮坛分设四处：三清殿、真武殿、施相公神龛、孤魂台，以三清殿为主坛，参加醮仪的道士有18人。念经时分作两班，一班14人在三清殿，另一班4人在真武殿。斋醮法事的程序是开坛、施相公祝愿法事、法舞仪式、拜表仪式、普灯（血湖灯）仪式、炼度法事、谢坛。开坛要请神降临，念的经文有《孔雀经》、《五茫经》、《玉皇经》、《血湖经》、《元皇血湖忏》等。施相公法事比较隆重，陈列的祭品也比较多，所用圣水具有治病功能。不少信众还把毛巾递给主祭人，让他揩神像的某个部位（如肝部、肺部），然后接过毛巾来揩自己相应的部位（肝部或肺部），认为这样就可以治好这个部位的疾病。普灯（血湖灯）仪式上念《血湖经》一卷，述说妇女深受血湖之苦，然后述说破血湖的途径。念《血湖经》对于妇女来说是十分重要的，因为人人都出身母胎，做娘的十月怀胎，所受的苦楚难以表述，其中有怀胎生病而亡的，有生养孩子时死亡的，有因妊娠生产时得病日后复

◎ 真武大帝开光仪式

发而死的，死者的灵魂堕入血湖，如果生前不念《血湖经》，死后就难以超度，免不了要受血湖之苦。很多妇女对这样的说法坚信不疑，虔诚地跟着道士一起念经，祈望自己免除血湖之苦。炼度法事首先到三清殿、真武殿、观音殿等殿堂的神龛前，向各位神仙行香致敬，然后到孤魂台前，抚恤那些没有亲属、无人祭奠的孤魂野鬼。最后是谢坛，就是斋醮仪式做完了，礼送各位神仙归位，返回天宫。按朱建明的说法：当天有七百多人参加了法事活动，其中约一百人坚持到仪式结束。

近些年，由于崇福道院周边搬来更多居民，香客队伍更为庞大，新年、清明、七月半、冬至这几个香汛，前来烧香的人都数以万计，三月半庙会期间更是数以十万计。每到神仙圣诞之日，崇福道院都举行法事活动，为神灵庆生，为信众祈福，闻讯而来的香客也动辄上千，远胜过20年前几百人的景况。

### 崇福道院圣堂诸神圣诞日

| 月份 | 神诞日 | | 简介 |
| --- | --- | --- | --- |
| 一月 | 初四 | 施相公夫人圣诞 | |
| | 初五 | 财神圣诞 | 赵公明能驱雷役电，除瘟祛疾，讼冤公平，求财得财，是民间财神，此日民间有接财神之俗。 |
| | 初九 | 玉皇大帝圣诞 | 玉皇总管三界十方，四生六道，一切阴阳祸福。 |
| | 十五 | 上元天官圣诞 | 天官为人间赐福。 |
| 二月 | 初三 | 文昌帝君圣诞 | 主宰功名利禄，护佑文人，也是文财神之一。 |
| | 十五 | 太上老君圣诞 | 老君随方设教，历劫显世，度人成仙。 |
| | 十五 | 岳飞大神圣诞 | 岳飞能精忠报国，死后为天界护法神元帅。 |
| | 十九 | 南海观音圣诞 | 常以丹药甘露济人危难，亦称"滴水观音"。 |
| 三月 | 初三 | 真武大帝圣诞 | 威镇北方，断天下妖邪，增福延寿。为本道院的主供神，有很多显圣救民的传说。 |
| | 十六 | 刘猛将圣诞 | 又称上天王，能驱蝗、治病、护航，保佑人民。 |
| | 二十八 | 东岳大帝圣诞 | 曾是泰山府君，掌人间善恶之权，主司阴府审判之职，能惩奸罚恶，令生注死。 |

续表

| 月份 | 神诞日 | 简介 |
| --- | --- | --- |
| 四月 | 初四 施相公大神圣诞 | 浦东地方神灵,能为民施药治病,救人危难。 |
| | 十四 吕纯阳大帝圣诞 | 即吕洞宾,八仙的核心人物,为人间施药治病,显化救民,度人成仙。 |
| | 十八 紫微北极大帝圣诞 | 万星之宗主,三界之亚君,掌握五雷,掌人死籍。 |
| 五月 | 初五 温元帅圣诞 | 温琼,镇邪祛恶,消灾除祸。 |
| | 十三 关公圣诞 | 庇护商贾兴盛,有招财进宝之神力。民间有"五月十三,下关帝磨刀雨"之说。 |
| 六月 | 十九 观音白日升天日 | 救苦救难,慈航普度。 |
| | 二十三 杨相公大神圣诞 | 即杨泗将军,或称是杨四郎。 |
| 七月 | 初三 蛇王大神圣诞 | 浦东民间信仰之神,能医治众病,有祈祥道场。 |
| | 十五 施相公出巡赈济日 | 次日斋醮祈祥,能济度阴阳。 |
| | 十五 中元地官圣诞 | 地官替人间赦罪。 |
| 八月 | 十八 龙王大神圣诞 | 宣扬正法,普救众生,能止息淫雨,能应时甘露。 |
| | 十五 上天王大神圣诞 | 即刘猛将军,能驱蝗、治病、护航,保佑人民。 |
| 九月 | 十九 观音得道成真日 | 能观世间苦难之音,闻声赴救,无所不在。 |
| | 二十八日 马元帅圣诞 | 马灵官为四大护法神之一,民间也把他当火神。 |
| 十月 | 十五 下元水官圣诞 | 水官为人间解除厄难。 |
| | 十八 地母大神圣诞 | 即"四御"中的后土皇地祇。 |
| 十一月 | 十一日 太乙救苦天尊圣诞 | 又称"寻声救苦天尊",为玉皇大帝二侍者之一,由青玄上帝神化而来,誓救一切众生。 |

　　三月半庙会期间的法事活动最为热闹,持续时间最长。庙会之前,三月初三是真武大帝圣诞,道院举行隆重的法事,道士念《真武妙经》。因为真武大帝是道院里的主供神,所以前来祭拜烧香的善男信女特别多。庙会的第三天(三月十六)正好是刘猛将圣诞,刘猛将是上海地区很受崇拜的一位神灵,所以这天的法事活动也很隆重,前来进香的人很多。1991年的庙会期间(当时外界称"三林城乡物资交流大会",道长和信众仍称"庙

◎ "三月半"祈福仪式

会"),道院正好为刘猛将神像开光,场面十分热闹。《上海道教》杂志社信息员翁永昌、汪丽红专门写了一篇短文,报道刘猛将神像开光的盛况:

> 今年庙会,又适逢水部正神荡扫将军(即刘猛将)开光,因此更加热闹。广大信众怀着虔诚的心情,身背香袋,手持红烛,从四面八方络绎不绝来到道院,进香朝拜,祈求赐福消灾,延年益寿,保佑合家老幼皆安。斋醮活动持续了三天,阐演了净坛、发符、斋天、进表等科仪,拜礼了《玉皇宥罪赐福宝忏》,谈演了《孔雀明皇真经》全集,并为进香的信众做了"祝愿"的祈祷仪式。整个道场灯烛辉煌,威严肃穆,瑶池仙曲,钧天妙乐,使人飘飘若仙。

人们相信崇福道院的神仙灵验,所以前来参加庙会、烧香拜神的人越来越多。庙会期间道长们举行的一场场斋醮法会和开光仪式,为道院增添了更多神圣肃穆的气氛,也为民众的神仙信仰提供了新的动力。

# 喜迎三月半　祈福上圣堂

　　浦东三林地区有一句民谚："三月半，上圣堂。"每年农历三月十五，崇福道院举行隆重的圣堂庙会，四里八乡的民众闻风而来，在三天的庙会期内（三月十四、十五、十六），每天汇集数以万计的信众前来烧香、拜神、赏景、看戏、品小吃、做买卖。1980年，年近八旬的朱士充老先生回忆自己童年赶庙会的情景，写了《忆童趣竹枝词》八首，其中第一首写道：

◎ "三月半，上圣堂"海报

## 圣堂庙会动四方

◎ 圣堂庙会人潮涌动

岁岁节场三月半，茕茕商贩八方来。
圣堂香火腾云雾，五里喧传郁闷雷。

圣堂三月半庙会又称"三月半场"。庙会期间，圣堂内香客如云，香烟升腾，善男信女对神灵叩拜许愿，祈求保佑。前来赶庙会的商贩很多，农具、服装、布匹、饮食、水产的摊位和表演的戏台排列近五里，人声鼎沸，远听犹如闷雷，近观人头攒动。《三林乡志残稿》卷一说圣堂庙会："场前货摊，南至杨家坟山屋，东至顾家宅场角，为上海东南乡香汛之最盛之处。"卷六又说圣堂"每年于三月十五，香汛极盛"。

圣堂庙会起于何时？为什么庙会的日子是三月十五呢？现在由于可查阅的文献资料有限，已无法考知圣堂庙会开始的具体年代。但确定无疑的是，圣堂庙会在明代已经形成。明嘉靖三十二年（1553）上海遭倭寇之乱，唯独崇福道院周围数里未受滋扰，三林乡民认为有神保佑，道院一时名声

大噪,随后道院得到重修,圣堂庙会更加有名。庙会原定于真武大帝的圣诞日——农历三月初三举行,后因清代上海桃园颇多,会期便延至桃花盛开的三月十五日举行。再后来,桃树砍伐殆尽,庙会失去了踏青、观光的好处,久之,民众反而不知会期为何定于三月十五了。

庙会过去以崇福道院为中心,商贩除了浦东本地人之外,还有从浦西、松江、湖州、嘉兴、苏州、杭州等地远道而来的客商,通常出售农副产品,如农具、家具、布料、衣服、鞋帽、药材、粮食、种子、蔬菜、家禽、家畜、花木、书籍、笔墨等。庙会上文艺表演颇多,有竹枝词道:"杂陈百戏逗孩童,马术惊心跃半空。"会场上有还有走高跷、舞龙、舞狮、跑旱船、打莲湘、斗蟋蟀等活动,三教九流,无所不有。简单的就一张桌子,或一副担子,如卖针头线脑的、演傀儡戏的、拉洋片的、照相的、捏面人的、卖馄饨的、算卦的、看相的、测字的、卖药的、弈棋的;复杂的有一个大

◎ "三月半"庙会的摊位和人群

◎ 圣堂庙会上的迎宾锣鼓

舞台,至少也有一大片场地,如耍猴戏的、唱戏的、说书的、玩杂技的、变戏法的、练拳脚的,等等。"三月半"正是一年春光最佳的时节,也是农忙前的闲暇时光,人们前来烧香、观光、踏青、购物、看戏,出一趟门可以达到多重目的,前来赶庙会的人多了,就形成蜂拥而来的人流。清代圣堂住持王作霖说:"每年桃红柳绿时光,本地有踏青游春之俗,圣堂东有海会禅寺,西有郭家花园,三景相连,游园赏春,人如潮涌。"毫无疑问,踏青游春习俗对庙会起到了推动作用。

近代以来,特别是1937年以后,由于时局动荡,民不聊生,道院败落,香火稀少,圣堂庙会逐渐转衰。解放后,庙会仍然举办,但境况大不如前。1954年,庙会首次改由政府主办,改称"三林城乡物资交流大会",不过,随着道士被遣返家乡劳动改造,道院的宗教活动随之陷入停顿,加上50年代后期人民公社化、大炼钢铁、"大跃进"以及随之而来的三年自然灾害,物资交流会时断时续。1967年受"文革"冲击,"物资交流大会"

停办,延续了几百年的古老庙会陷入休克状态。

直到1987年,在宗教政策得到落实、崇福道院重新开放的情况下,"三林城乡物资交流大会"也重新恢复,会期还是3天,会场仍以崇福道院为中心,沿着灵岩南路,北至杨思,南至三林老街,道路两侧搭建了五千多平方米的营业棚,投入各类商品七千多种,人流量达数万人次。1992年,"三林城乡物资交流大会"重新改称"圣堂庙会",并首次搭建了庙会牌楼,仅国营和集体商户就设摊四百多个,个体商户也有数百家,从浦西、湖州、杭州等地远道而来的客商搭起帐篷,打起标牌,节场上横幅亘空,彩旗猎猎,吆喝声、叫卖声此起彼伏,顾客如海如潮,盛况空前。当年庙会的销售额增至六十多万元,人流量达到几十万人次。

不过,也就是这次庙会举办之后,由于庙会无法适应社区的城市化进程,有人对传统庙会的经济、文化角色提出质疑,取消庙会的呼吁之声再次出现,1993年圣堂庙会再度陷入停顿。农村庙会的农副产品交易功能已经衰退,在城市化过程中,庙会如何适应新的社会形势,如何让庙会在城市生活中找准自己的位置,成为一个急需解决的问题。

2005年3月,三林地区被定位为上海世博会旅游功能区,各级政府强化了对崇福道院的关注和支持,道院周围的违章建筑逐步拆除。2005年,浦东新区对本区内的"非遗"项目进行全面普查。当年10月,浦东新区有关领导来三林镇视察,建议恢复圣堂庙会,并将庙会申报为"非遗"。随后,三林镇把圣堂庙会纳入普查对象。2006年2月三林镇非物质文化调查工作结束,八十五岁高龄的朱士充老先生曾写诗祝贺:

中华文化,源远流长。奇葩异卉,播植全疆。三林古镇,玉蕴珠藏。探幽发潜,领导有方。群力匡襄,初露锋芒。事立名当,国粹明扬。谨谨野老,分沾荣光。短歌斯咏,权为颂章。

2006年春,浦东新区第一批"非遗"项目申报工作展开,圣堂庙会在三林镇和崇福道院的大力协助下,顺利完成申报工作。在上海市、浦东

◎ 朱士充老先生的祝贺词

新区、三林镇有关领导的关心指导下，乘着国家重视传统文化、保护非物质文化遗产的东风，也借着庆祝崇福道院恢复开放20周年这个良好契机，2006年4月11日至13日，为期三天的"三月半庙会"再度恢复。

中断了13年的庙会，重新恢复时，道院周围已经是高楼林立，面对一个个现代化居民小区、大型超市、国际商务区，庙会如何自我定位？如何起步？如何展现自身特点？在上海市道教协会的帮助下，道院管委会主任张开华道长确立了举办"文化庙会"的发展方向，决心推动传统庙会的转型，把农村庙会办成一个融宗教、民俗、商业、旅游、娱乐于一体的都市型文化庙会，把圣堂庙会打造成三林民俗文化的展示平台。2006年"三月半庙会"在道院内举行，在开幕式的庆典上，三林镇联丰村、三林绣庄、三林文广中心、上海城隍庙以及其他应邀而来的民间艺人和道教乐队表演

◎ 2006年圣堂庙会请帖（附有议程）

了富有地方民俗风情的文艺节目，展示上海地区、特别是三林镇的多项有代表性的民间文化。

在这次庙会上，三林舞龙队表演最为抢眼。三林人有对龙有着真诚的信仰，不管是三林镇也好，崇福道院也好，都跟龙有密不可分的关系。三林镇共有二十多支舞龙队，所舞的龙有男龙、女龙、娃娃龙、老奶奶龙等多种，三林舞龙将舞蹈、戏曲、武术融为一体，表演非常精彩。此外，三林刺绣的现场演示也是庙会的一大亮点，绣龙是三林姑娘的特技，她们把千姿百态的龙绣得活灵活现，令人叫绝。本届三林庙会将传统民间艺术与宗教文化完美地结合起来，展示龙文化的独特魅力，彰显构建和谐社会的主题。这次文化庙会非常成功，为今后继续举行庙会活动奠定了很好的基础。

2007年4月，在"圣堂庙会"已经进入浦东新区非物质文化遗产保护

名录的形势下，崇福道院继续举行文化庙会活动，影响进一步扩大。庙会期间，除了举行多种民俗文艺表演，道院还为信徒举办了祈福消灾法会，阐演道教经典科仪。

2008年4月，在浦东新区和三林镇政府的关心支持下，"三月半庙会"更名为"三林民俗文化节暨三月半圣堂庙会"，不但把庙会做大，而且做得更加丰富多彩，庙会活动走出道院，来到大街上举行"行街表演"，集中展示道教民俗和三林地方文化。

这次开幕式后的"行街表演"文艺节目有"龙舞盛世"、"和谐三林"、"喜迎奥运"三个板块，展示三林镇丰富多彩的民俗文化。"龙舞盛世"板块以龙舞吉祥、四龙闹海、龙的传人、群狮欢舞等为主题；"和谐三林"板块包括了刺绣服饰、民间音乐、民俗风情、民间戏曲、民间舞蹈等主题；"喜迎奥运"板块以福娃鼓号、鼓韵风采、全民健身、红灯高照等为主题，展示了三林人民对北京奥运会的期盼。本届民俗文化节历时三天，

◎ 2008年圣堂庙会开幕式

通过"三林鼓韵专场"、"民间戏曲专场"、"浦东新区非物质文化遗产项目成果展"、"民间体育、武术、杂技、魔术专场"、"民歌、民舞、民乐专场"等方面的表演，展示了三林的民间生活和民俗文化。三天的庙会共有22万人参加，28家新闻媒体做了相关报道，在社会上造成了广泛的影响。

2009年，作为上海世博会后花园的三林，每个人都在为世博会的举行贡献力量，所以"三林民俗文化节暨三月半圣堂庙会"也加入了迎接上海世博会的新元素。庙会于4月9日开始举行，为期5天，围绕"展浦东民俗风情，迎上海世博盛会"的主题，展示了形式多样的文化活动，包括行街盛典、专场演出、专题活动、道教活动、会展游览等五大部分。

2010年，"三林民俗文化节暨三月半圣堂庙会"于4月28日开幕，主题为"展民俗风采，添世博精彩"，主要民俗文化活动有传统文艺表演、圣堂笔会、斋醮祈福、古镇风情图片展等，还有一些民间工艺展示活动，如

◎ 2009年圣堂庙会上的舞龙表演

三林刺绣、三林瓷刻、三林标布等一批知名的三林本地民间工艺品在活动中亮相,展示了浦东和三林古镇的民俗风情和文化底蕴,在上海世博园区外营造了浓郁的民俗文化氛围,为上海世博会开园增添了浓郁的民俗文化色彩。

2011年,"三林民俗文化节暨三月半圣堂庙会"于4月16日至4月24日举行。为了进一步弘扬和传承民俗文化,推进文化名镇建设,提升三林文化影响力,此次圣堂庙会以"走进三林老街,体验民俗风情"为主题,以"展示古镇风貌,共享和谐文化"为目标,集道教文化、民俗文化、民间歌舞、饮食文化于一体,依托三林老街,集中展示三林地区的民俗文化特色和人文风情。与往届庙会不同的是,此届开幕式首度在富有乡土风情的三林老街举行。三林老街依三林塘港而建,白墙黛瓦,石桥映水,深宅大院,飞檐翘角,在繁华的都市里,竟然还保留着如此古朴幽雅的老街,三林文化的历史根脉依稀可寻。对于以桥多、庙多、厅堂多闻名的三林古镇,如今的三林老街犹如一幅活着的"清明上河图",仍部分地展示着活态

◎ 2011年圣堂庙会,在三林老街进行舞龙表演

◎ 2010年圣堂庙会开幕式

的古代文化和传统生活。

　　经过地方政府和崇福道院的共同努力，现在三月半圣堂庙会已经融入社区生活，成为展示社区传统、丰富市民生活的一个重要文化空间，三林镇政府将它称作"三林的文化名片"。

# 三月香汛来　诗人吟竹枝

"三月半庙会"是三林地区一年一度的盛事,古刹仙乐,钟磬悠扬,鹤氅飘逸,羽仪庄严,阐法颂神,赐福道民。四乡善男信女云集而来,烧香许愿,叩拜神仙,然后购置农具、鞋帽、日杂用品,观赏戏曲、杂技、猴戏,或携带小孩儿品尝小吃,或邀约同伴踏青游玩。三林本地的,来自周边地区的,以及苏、杭等外地的商贩,带来各种土洋货物,搭起大棚,摆设摊位,叫卖之声,讨价还价之声,人声鼎沸,热闹非凡。面对这样的繁闹场景,文人墨客感慨之余,禁不住诗兴大发,留下一些既写实又抒情的诗篇。清末陈师咸《西林商家月令竹枝词》的第三首,就专门描写三月半圣堂庙会的景象:

三月三林香汛来,圣堂场上去徘徊。
团箕箬挚如山积,路满游人轧不开。

诗中写三月圣堂香汛到来时,人们都来到会场上去走一走,看到的是团箕、箬笠之类的农副产品堆积如山,而各地赶会的人蜂拥而至,路上人满为患,想挪动脚步都挪不

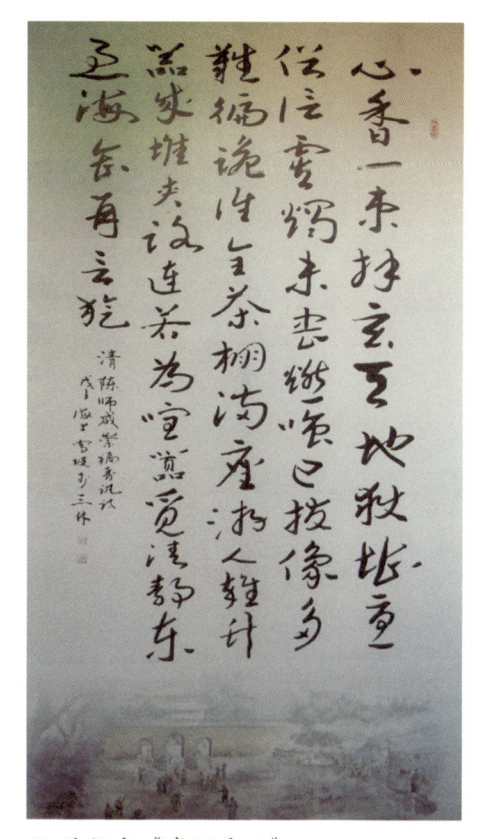

◎ 陈师咸《崇福香汛》

开。这首诗没有夸饰,没有虚构,是对庙会现场的真实写照。陈师咸还作过一首题为《崇福香汛》的七言律诗,描写的是庙会期间香客在道院内叩拜玄天上帝、观看阎王殿和在道院外赶庙会的情景:

> 心香一束拜玄天,地狱堪忧俗信虔。
> 烛未尽燃嗤已拔,像多难遍跪谁全。
> 茶棚满座游人杂,竹器成堆夹路连。
> 若为喧嚣觅清静,东过海会再言旋。

这首七律诗的前两句描写香客在庙会期间来到圣堂给玄天上帝上香,然后到阎王殿看十大阎王地狱审判、惩处有罪鬼魂的壁画。这种恐怖的壁画,难免让人看到后感到担忧,但大家都相信地狱审判的情景是真实的。第三四句写人们到各个殿堂烧香,点燃蜡烛,因为香火和蜡烛已经插满,前边的香烛还没有燃尽,就被后边来的人拔掉,然后插上自己带来的香烛,点燃后对神仙逐个叩拜,不过神像实在太多,而磕头的香客也太多,没有几个人能全部叩拜一遍。第五六句描写香客烧完香、拜过神仙之后,走出道院,来到庙会市场,只见茶棚坐满了人,路边的摊位上堆满各种竹器,买卖红火,游人嘈杂,一派繁闹景象。最后两句说,如果游人感到庙会喧闹,要找一个清净地方的话,东边的海会寺是个不错的选择,到那里歇息一下,然后再回家去。跟陈师咸的竹枝词一样,这首诗也用写实的手法,描写了"三月半庙会"香客的活动和市场上的热闹场面。

民国初期,圣堂庙会仍然热闹。1980年朱士充写的《忆童趣竹枝词》八首,回忆的是民国初年圣堂庙会的情景,其第四、五首写道:

> 人潮涌动步难留,去去来来不自由。
> 待到旋回停顿处,周遭无数小摊头。

> 犁耙家具垒堆高,不取轻灵取固牢。
> 田父村姑争论价,荷归肩重肯辞劳。

◎ 庙会上的农产品展示

前一首写庙会上人潮涌动，挤挤挨挨，行走困难，好不容易到一个地方停下脚、转过身，却发现四周仍是很多商贩的小摊位。后一首写庙会上出售的多是犁、耙之类的农具和各种家具，农民买这些东西时不讲究轻灵好看，只要坚固耐用，老农、村姑讨价还价，最后达成交易。归去的路上，农民肩扛买来的农具，虽然很重却也乐在其中。从朱士充的描写中可以看出，圣堂庙会是一个传统农村庙会，前来赶会的主要是农民，市场上买卖的货物以农具、家具之类为主。庙会在三月十五前后举行，再过一段时间就是插秧、收麦的农忙季节了，趁着赶庙会的机会，农民正好可以购买农具，为农业生产做好准备。

不管是陈师咸，还是朱士充，他们描写的圣堂庙会都是农村庙会的景象。这种景象延续到新中国成立以后，甚至到1987年恢复"三林城乡物资交流大会"，仍是一幅农贸市场的景象，庙会中出售的仍有不少农具、农产品。但三林地区处在迅速推进的城市化进程中，周围的现代化街道正在建成，农田在一天天萎缩，城市居民小区一个接着一个建成，大型百货商店、大型超市也陆续出现。市民取代农民成为这一地区的人口主体，农具、农

浦东名观崇福道院

产品已经不是主要需求,而对于市民来说,到大型百货商店和超市购买日杂百货十分方便,因而,传统庙会的商业功能正在退化。这种退化也导致了1992年以后,庙会再度陷入停顿。于是,2005年人们提议重新恢复庙会的时候,如何给庙会定位,怎样办庙会,就成了一个急需解决的问题。崇福道院给庙会的定位是:以展示三林古镇文化和民俗风情为主,以旅游和商业贸易为辅,从而推进从农村庙会向都市庙会的转型。

这样的转型从2006年庙会恢复时就体现出来,当时庙会的宗教仪式和文化表演活动在道院内举行,道院东边的杨南路上有数以百计的商业、饮食、娱乐的摊位,发挥庙会的商贸功能。宗教民俗和地方文化展示活动是庙会发展的新方向,也是庙会的主体,它衍生出旅游娱乐功能,而商贸功能退居其次。这种变化同样可以从竹枝词的创作中得到体现。2009年"三月半庙会",上海的道教学者张振国参加了圣堂庙会,观赏道教斋醮、文化展演和行街活动,写下了《竹枝词记圣堂庙会所见》:

◎ 庙会上的舞狮队

圣堂门楼拔地起,红墙衬在蓝天里。
香客频频相呼应,男女老少拜玄帝。

炉内青烟袅袅起,梵炁弥罗蕴太平。
帅哥靓女双双拜,玄武作证鸳鸯情。

行街队伍长又长,道士先生夺眼眶。
黄冠法服著在身,拳宗表演是武当。

清风徐来百花香,三林庙会有道场。
法符灯盏祈兴旺,祝愿人人享安康。

道院的殿堂建筑拔地而起,红色院墙在蓝色的天空衬托下显得特别醒

◎ 信众与老道长一起祈福

目。道长们在做法会的时候，香客们也一起参拜，与道长频频互动，形成众人共同拜玄帝的场面。前来叩拜神仙的还有年轻时尚的情侣，他们烧香燃烛，双双下拜，祈望玄天上帝为他们的爱情作证。在道院外的行街表演中，年轻的道士身穿法衣，一边行走一边表演武当拳术。在百花盛开的日子里，三林庙会法音齐诵，道乐高扬，符箓瑞祥，灯烛明光，道长们共同祝愿国家兴旺，众人都能享受安康幸福的生活。在张振国的竹枝词中，我们看到了都市文化庙会中丰富多彩的文化活动，但已经见不到农民的身影，也没有了农具买卖的场面。

圣堂庙会在新的时代里，完成了从传统到现代的完美转型，通过清末、民国和当代文人墨客的诗歌，我们看到了这种转变的过程。

# 道院文化活动多

崇福道院的文化活动很多,在以庙会为主题的民俗活动中,衍生出了诸如书法笔会、民间歌舞、民俗物产、慈善助学、民间小吃等等。

# 文化庙会　四季不衰

崇福道院的"三月半庙会"原本是3天的会期,在完成都市庙会的转型后,"三林民俗文化节暨三月半圣堂庙会"延长到5至8天。然而,作为浦东三林的一张文化名片,道院是展示地方民俗文化的一个窗口,"文化庙会"活动已经突破了三月庙会的时间限制,一年到头,道院会举办多场文化活动。

近年,崇福道院跟华东师范大学、上海大学、上海音乐学院、上海社

◎ 刘仲宇教授带领华东师范大学研究生在道院调查,与道长合影

会科学院、上海市民间文艺家协会、上海道教杂志社等文化学术单位保持密切合作，刘仲宇、陈勤建、陈耀庭、蔡丰明、张振国、田兆元、黄景春、蔡林波、钟国发、王宏刚、刘秀丽、李兰等学者多次应邀参加庙会活动，参与"非遗"保护工作，策划民俗文化项目。

◎ 2007年圣堂庙会进入浦东新区非物质文化遗产项目

为了进一步弘扬道教文化，增进宗教与社会各界的联谊，崇福道院还会不定期举行"书画结缘"活动。2007年11月28日，在崇福道院举行的"第二次书画结缘"活动，邀请了著名书画家戴敦邦、李枫、周德兴、王国樑、朱仁冬、桑仲元、陈阿新、高林、赵润生、顾浩君等人欢聚崇福道院，挥毫泼墨，捐赠佳作。本次活动共完成了四十多幅书画作品，如"崆峒问道"、"鹤寿千岁"、"松鹤遐龄"等画作，以及"无为"、"精气神"、"厚德载物"、"道法自然"等墨宝，都是十分珍贵的艺术作品。在这次聚会期间，各位名家联合作画，大家在一幅画面上先后绘制了青山、流水、松柏、牡丹等图案，最后由上海市道教协会副会长、著名画家戴敦邦先生饶有兴致地补上仙鹤、寿桃等吉祥图案，并亲笔题写"崇福弘艺"四个大字，完成了整幅画的创作。这次"书画结缘"活动为上海艺术家留下了一段佳话，提升了崇福道院的文化艺术品位。

2009年5月，"海上诗社"的朱珊珊、费平、金月明、张高成等会员应邀来道院参访采风，道院负责人张开华道长热情接待，并向他们介绍了道院历史、圣堂庙会、道教理论和养生知识等。午餐后，张高成即兴泼墨，书写了"道法自然"、"厚德载物"等条幅。时值初夏，细雨如丝，费平当

◎ 著名画家戴敦邦在补画

场赋诗两首：

### 雨中崇福

一

端午黄梅交相映，海上诗社聚三林。
崇福道院来览胜，增知修身亦养性。
鼎诚当家腹经纶，道家典故阐古今。
纵横捭阖数千年，余生重仰道德经。

二

天不留人雨留人，诗友乘兴求字文。
酒融血脉舞神笔，成高草篆造诣深。

横条竖幅气豪雅,功夫之外显性情。
众得墨宝各所归,感叹不枉圣堂行。

诗中提到的"鼎诚",就是崇福道院的当家张开华道长,"成高"就是书法家张成高先生。费平在诗中表达了自己在道院受到启发,领悟到了道教文化的源远流长,增加了一份慕道、仰道之心。

崇福道院的道长们还走出道院,到其他道教圣地取经。2007年3月和10月,在澳门道协和澳门妈祖基金会的邀请下,崇福道院派道长先后参加了澳门道教文化节、澳门妈祖文化节、香港道教文化周的道教音乐演奏和妈祖神像的开光法会等活动。2010年11月1日至5日,张开华又率领本道院教职人员及部分信众代表赴湖北武当山进香,朝拜真武祖师。道院还先后到北京、江西、江苏、浙江、广东、福建、山东、安徽等地学习,借鉴各地在弘扬道教文化、服务信众、管理道观等方面的经验。

道院还与美国、英国、法国、爱尔兰等国人士合作,开展对道教文化

◎ 崇福道院第二次书画结缘活动

◎ 崇福道院的外国游客

的研究。在 2010 年上海世博会期间，道院先后接待国外游客近万人，这在道院的历史上是前所未有的。

另外，居住在三林地区的文化人士，如曹琪能、魏捷、朱士充、郭秉承、唐敬丝等，都热心本地文化，积极参与文化庙会，给道院的宗教民俗活动提供了很大帮助。

# 地方风情　文化产业

三林地区有自己的民俗和物产，一向为人所称道的是所谓的"三宝"、"三特"、"三绝"。

"三宝"——三林崩瓜、三林酱菜、三林标布

"三特"——三林老街、三林舞龙、三林圣堂庙会

"三绝"——三林刺绣、三林本帮菜、三林瓷刻

在这九项特色文化和物产中，三林舞龙是国家级"非遗"项目，三林刺绣是市级"非遗"项目，圣堂庙会、三林瓷刻、三林本帮菜是浦东新区级"非遗"项目。目前，三林镇是上海市列入"非遗"保护名录项目最多的一个镇。

圣堂庙会作为一个文化展演的平台和窗口，正好可以对其他八项文化和物产进行展示。2006年庙会恢复以来，三林镇注重发挥庙会的展演功能，每年的庙会上都有舞龙、刺绣的表演，并设置标布、瓷刻、酱

◎ 三林刺绣

◎ 庙会上的刺绣舞

菜的展销区，主打本地特色品牌，推动相关产业升级。

　　崩瓜是三林第一宝，据同治年间的《上海县志》记载，三林塘崩瓜呈长椭圆形，皮淡碧色，有网络状花纹，瓜皮薄而脆，瓜熟时弹指可破，传说雨天打雷或人在田梗上走路脚步稍重，崩瓜迸裂满地。由于过去不重视崩瓜栽培，这项物产几近灭绝。2007年浦东新区正式将三林崩瓜列入抢救性传统品牌，三林镇政府创建了三林崩瓜特色农业基地，对崩瓜种子进行提纯培育。现在三林崩瓜已进入小批量栽培，并逐年扩大种植面积。三林镇希望通过庙会展示和其他宣传途径，复兴传统物产，重新树立三林崩瓜的品牌形象。

　　标布也是三林的一宝。受黄道婆的影响，三林从元代开始出现棉纺织业，明代中期三林塘因布市而繁荣，民间流传有"收不尽的魏塘纱，买不尽的三林布"的说法。三林标布工艺考究，布身光滑洁白，手感极好，有

◎ 三林崩瓜展示

"三林标布进京城"的民谚。如今很多人远离动物皮毛和化纤布料，棉布受到欢迎，三林标布也重新得到人们的喜爱。圣堂庙会对三林标布也有展示和推销作用。

  三林舞龙是三林的一项富有特色的民俗活动。舞龙，俗称"绕龙灯"，是浦东的一种传统体育娱乐活动，有着悠久的历史。明清以来，三林及周边地区的迎神赛会，民众"行街"，"出会"都少不了舞龙队的表演。解放后，三林舞龙从内容到形式都做了改造，融入了舞蹈的节奏、戏曲的神韵、武术的力度，翻滚腾挪，龙身飘飞，犹如行云流水一般。自三林舞龙队成立以来，曾多次出国表演，在国际、国内的重大比赛中夺得金牌39枚，银牌14枚，铜牌9枚。为此，三林镇2000年被文化部命名为"中国民间艺术之乡"，2004年被国家体育总局命名为"中国龙狮运动之乡"。2011年三林舞龙又以"浦东绕龙灯"为名，被列入第三批国家级非物质文化遗产名录。每年的"三月半庙会"，三林舞龙是必不可少的一个表演项目。

  三林老街是2011年圣堂庙会的主会场。三林老街始建于北宋末年，鼎

浦东名观崇福道院

◎ 三林标布店

盛于明清,东林街、中林街、西林街彼此相连,曾有"长街三里、店铺千家"之称。现在三林老街的古建筑遗存有三十多幢,特色桥梁十多座,深宅大院近二十所。随着三林镇的现代化改造,老街被淹没在高楼大厦之中,如今人们已经认识到古镇的历史文化价值,并采取了相应的保护措施。通过举行庙会活动,三林老街得以展示其历史风貌。

◎ "中国民间文化艺术之乡"牌匾

在三林镇政府制定的三林老街改造计划中,崇福道院及其庙会被置于展示窗口和传承基地的显著地位。下一步,三林镇将围绕老街的保护性改造,筹办龙狮展示馆、刺绣艺术馆、民俗文化馆,以体现老街的历史文化特色。三林镇正在编创大

◎ 三林古镇成为庙会场地

型实景歌舞剧《三林塘风情》，以老街为背景、三林塘港为舞台，将三林的起源与历史、传说与民俗、衰落与复兴融合起来，演绎成一部有故事情节、跨越时空、展现三林人杰地灵和人文风情的历史剧目。另一个文化旅游节目《龙之舞》，依托三林老街龙狮广场，定时定点进行竞技龙、夜光龙、焰火龙、荷花龙、稻草龙等表演，打造三林的旅游品牌，让更多的人感受到"龙狮之乡"的舞龙、舞狮的文化神韵。三林镇还计划整合原有的圣堂庙会的行街表演队，组成道教仪仗、江南丝竹、婚嫁花轿、腰鼓吹打、舞龙舞狮、秧歌舞蹈、高跷莲湘等表演团队，在传统节日和重大活动上展示三林民俗风情。另外还要培育民间工艺团队，汇集刺绣、绒绣、瓷刻、竹刻、剪纸、面塑、纸扎灯彩等民间艺人，成立三林民间工艺社，定期举办地方

◎ 三林瓷刻作品

优秀民间工艺品展览,提高相关文化产品的知名度。

如今,"三林民俗文化节暨三月半圣堂庙会"已经列入浦东新区"十二五"文化发展规划,三林镇和崇福道院将利用这个契机,展示三林的各种民间文化,推动相关文化产业的发展。

## 慈善助学　服务社会

崇福道院立足于服务社会、服务信众的思路，不断提高道长的政治和宗教素养。道院注重道长和职工的日常政治学习、文化培训和道教修炼，每个月组织全体教职人员学习一次时事政治，提高大家的政治思想觉悟。

道院还利用陈莲笙老道长《道风集》再版的机会，组织各位道长轮流串讲各章节，让大家畅谈自己的学习心得，共同提高学道、修道的境界。道院还进行"传统和适应、民主和集中、修道和奉献"的教育，引导道长

◎ 崇福道院的讲经坛

◎ 2008年道院工作人员在给汶川灾区捐款

积极参与道院管理,提高道长的主人翁意识。

  2006年春,道院响应政府关于提高宗教教职人员文化素养的要求,积极鼓励青年教职人员参与"华东师大宗教文化大专班"学习,对于优秀学员给予奖励。此外,道院还鼓励大家认真参与新区道乐队的排练,提高自身的道乐修养。道院还积极组织道院人员撰写文章参与"国际《道德经》论坛"征文活动,获得三等奖"清静奖",鼓励教职人员参加新区道教协会组织的"道教文化知识竞赛"。道院新建的讲经堂,是道长阐演道法的舞台,也是邀请学者前来讲经弘道的地方。通过大家的共同努力,所有道长的文化知识和宗教修养都有了一定程度的提高。

  面对国家保护非物质文化遗产的新形势,道院还组织道长和职工了解本道院的历史和宗教特色,增强大家保护传统文化的自觉性。为了服务所有信众,普及道教文化,道院还开办了"道苑"宣传栏,专门介绍道教的历史,宣传道家养生理念,并发布道院的近期活动信息。

◎ 超度汶川遇难同胞

　　随着崇福道院经济自养能力的不断提升，道院还积极参加社会慈善捐助活动。2007年1月，道院负责人走进社区，关注信众疾苦，积极参与了三林镇"慈善基金"募捐活动。同年"三月半庙会"期间，道院发扬"乐善好施、扶危济困、关怀社会、服务群众"的理念，引导信众共同参与"圣堂庙会慈善行·帮困助学"活动，道院向"三林慈善基金会"捐款一万元，并把当场募集到的六千余元善款全部捐出。2008年5月，四川汶川大地震发生后，道院积极响应国家号召，先后捐助四万多元支持灾区重建。道院还为遇难同胞举行多场超度法会，祈祷生者安乐、逝者早日升仙，并祝愿国家太平，人民安居乐业。

　　近年道院还开展抚恤社区孤老、救助贫困家庭的社会公益活动，对道院周边遇到生活困难的居民进行经济支助和心理疏导，把温暖送到每个困难群众的家里。

　　新年期间，崇福道院还跟少数民族同胞以及海外侨胞举行迎新年联欢

◎ 因慈善捐助获得的锦旗

活动,居住在三林地区的数以百计的少数民族人士和侨胞应邀参加。联欢会上来自道长的祝福,给他们送来了新春的温暖。

由于崇福道院全体道长和职工的共同努力,道院各项工作都取得了良好成绩,获得了社会各界好评。2005年以来,崇福道院连续多年被评为浦东新区文明宗教活动场所、上海市文明宗教活动场所。

古老的崇福道院在新的经济社会形势下,正在为推进上海发展、构建和谐浦东而发挥积极作用。

◎ 圣堂新年团拜活动

**图书在版编目（CIP）数据**

浦东名观崇福道院/张开华主编;黄景春，张开华，李琦编著. —北京:华夏出版社, 2013.5

（中国道教文化之旅丛书）

ISBN 978-7-5080-7594-5

Ⅰ. ①浦⋯ Ⅱ. ①张⋯ ②黄⋯ ③张⋯ ④李⋯ Ⅲ. ①崇福道院－介绍 Ⅳ. ①K928.75

中国版本图书馆 CIP 数据核字(2013)第 096890 号

---

## 浦东名观崇福道院

| | |
|---|---|
| 作　　者 | 黄景春　张开华　李　琦 |
| 责任编辑 | 查　纯 |
| 出版发行 | 华夏出版社 |
| 经　　销 | 新华书店 |
| 印　　刷 | 北京市华宇信诺印刷有限公司 |
| 装　　订 | 三河市万龙印装有限公司 |
| 版　　次 | 2013 年 5 月北京第 1 版　2013 年 8 月北京第 1 次印刷 |
| 开　　本 | 720×1030　1/16 开 |
| 印　　张 | 13 |
| 字　　数 | 182 千字 |
| 定　　价 | 39.80 元 |

**华夏出版社**网址: http://www.hxph.com.cn 地址: 北京市东直门外香河园北里 4 号邮编: 100028
若发现本版图书有印装质量问题，请与我社营销中心联系调换。电话：(010)64663331（转）